改定筆跡鑑定の理論と応用

－主観を排除した筆者識別－

三 井 利 幸 著

目　次

はじめに　　　　　　　　　　　　　　　　　　　　　　　　5

第一章　コンピュータによる筆者識別の理念　　　　　　　　7
　　第一節　書き癖　　　　　　　　　　　　　　　　　　　9
　　第二節　書き癖の抽出　　　　　　　　　　　　　　　　11

第二章　コンピュータによる筆者識別の方法　　　　　　　　15
　　第一節　筆跡の取から測定点（座標点）の読取り　　　　16
　　第二節　筆跡の数値化　　　　　　　　　　　　　　　　18
　　第三節　基線の長さ及び測定点（座標点）の位置と読取り　23
　　第四節　筆字（文字）の大きさを揃えるための読取った数値の補正　26

第三章　多変量解析法による筆者識別のためのスケーリング方法　28
　　第一節　平均スケーリング　　　　　　　　　　　　　　29
　　第二節　レンジスケーリング　　　　　　　　　　　　　30
　　第三節　オートスケーリング　　　　　　　　　　　　　31
　　第四節　分散スケーリング　　　　　　　　　　　　　　32
　　第五節　偏差値スケーリング　　　　　　　　　　　　　33

第四章　筆跡識別に用いられる多変量解析法　　　　　　　　34
　　第一節　相関分析　　　　　　　　　　　　　　　　　　35
　　第二節　共分散分析　　　　　　　　　　　　　　　　　38
　　第三節　クラスター分析　　　　　　　　　　　　　　　41
　　第四節　主成分分析　　　　　　　　　　　　　　　　　52
　　第五節　回帰分析（二筆跡間の筆者識別）　　　　　　　59
　　第六節　その他の多変量解析法　　　　　　　　　　　　67

第五章　多変量解析法による筆者識別方法　　　　　　　　　73

第六章　筆者識別のための付加条件　　　　　　　　　　　　79
　　第一節　記載方法（配字バランス）　　　　　　　　　　80
　　第二節　筆字（文字）の大きさ　　　　　　　　　　　　84
　　第三節　誤字誤用　　　　　　　　　　　　　　　　　　87
　　第四節　筆圧と筆速（運筆速度）　　　　　　　　　　　89
　　第五節　筆記具　　　　　　　　　　　　　　　　　　　93
　　第六節　記載時期　　　　　　　　　　　　　　　　　　98
　　第七節　作為筆跡　　　　　　　　　　　　　　　　　　100

第七章　個人内変動幅と筆者識別結果の信頼性　　　　　　　103

第八章　筆者識別の実例　　　　　　　　　　　　　　　　　106
　　第一節　筆者識別目的筆跡と対照筆跡が同一筆者によって記載された筆跡
　　　　　　　　　　　　　　　　　　　　　　　　　　　108
　　　第一項　筆跡の数値化　　　　　　　　　　　　　　　108

　　　第二項　相関分析　　　　　　　　　　　　　　　　118
　　　第三項　共分散分析　　　　　　　　　　　　　　　119
　　　第四項　クラスター分析　　　　　　　　　　　　121
　　　第五項　主成分分析　　　　　　　　　　　　　　124
　　　第六項　二筆跡間の筆者識別（回帰分析）　　　128
　　　第七項　総合的に考察した筆者識別結果　　　　136
　　第二節　筆者識別目的筆跡と対照筆跡が異なった筆者によって
　　　　　　記載された筆跡　　　　　　　　　　　　　138
　　　第一項　筆跡の数値化　　　　　　　　　　　　　138
　　　第二項　相関分析　　　　　　　　　　　　　　　139
　　　第三項　共分散分析　　　　　　　　　　　　　　141
　　　第四項　クラスター分析　　　　　　　　　　　　142
　　　第五項　主成分分析　　　　　　　　　　　　　　144
　　　第六項　二筆跡間の筆者識別（回帰分析）　　　147
　　　第七項　総合的に考察した筆者識別結果　　　　152
　　第三節　筆者識別の実例　　　　　　　　　　　　　156
第九章　対照筆跡の個人内変動幅と筆者識別結果の信頼性　162
第十章　各手法の判断基準（閾値）　　　　　　　　　164
文献　　　　　　　　　　　　　　　　　　　　　　　167

筆者識別対象筆跡：

　　筆者識別（筆跡鑑定）に用いる、筆者識別目的筆跡＋対照筆跡

筆者識別目的筆跡：

　　誰が記載したか不明の筆跡｛筆者識別（筆跡鑑定）の対象となる筆跡｝

対照筆跡：

　　筆者識別目的筆跡が、誰によって記載されたかを判断するための筆跡（筆者
　　の明らかな筆跡）

二筆跡間の筆者識別目的筆跡：

　　筆者識別目的筆跡の１筆跡と対照筆跡の１筆跡を用いて、筆者識別目的筆跡
　　と対照筆跡が同一筆者によって記載されたか否かを判断するためのもの

筆跡群

　　同一筆者が記載した複数の筆跡の集まり（対照筆跡群）

　　誰が記載したか不明の複数の筆跡の集まり（筆者識別目的筆跡群）

は　じ　め　に

　幼稚園や小学校で文字を書き始めた頃には固定されていない字体が、小学校の高学年から高等学校の高学年の頃までには個人的な特徴がほぼ固定され、多少の変動があるものの、無意識に習得した個人の特徴を維持し続けていくと考えられている。**筆者識別は、この個人が維持している筆跡の特徴を抽出して、筆者を判断する方法**である。

1　従来からの筆者識別

（1）目視によって筆者が維持している筆跡の特徴を抽出するのには長い経験と熟練が求められる。

（2）目視による筆者識別には、共通した明確な判断基準が定められておらず、筆者識別者の主観が入り込む危険性が避けられない。

（3）目視による筆者識別者は、筆跡を見た感じから筆者を極めて短時間で判断し、すべての筆跡に共通していないにもかかわらず、それが第三者に納得できるように細部を取り上げ説明しているにすぎない。

（4）目視による筆者識別は、筆者識別者がいかに中立の立場で識別（鑑定）したと主張しても、その主張内容を明確化することは困難である。

（5）目視による筆者識別は、パーソナルコンピュータによる筆者識別と比較して、何らかの予備知識（裁判記録等）が与えられると、筆者識別結果に影響を与えることは避けられない。

（6）筆者識別に限らず、あらゆる分野の識別について、その道の専門家であれば誰が識別しても同じような結果が得られるような方法でなければ、識別結果の信頼性はない。

（7）実際におこなわれている筆者識別は、得られた結果の解釈の段階で、筆者識別者によって判断が異なる場合が多々あり、極端な場合には、依頼者の意向に沿った筆者識別結果を導き出していると疑われるようなことさえおこなわれている。

（8）筆者識別者はそのようなことを排除するために、常に客観的な方法で筆者識別する手法を開発する努力をし、開発結果を公表して、専門家の意見や批判・批評に対して明確に説明でき、承認を得て初めて筆者識別に使用しなければならない。

2　客観的な筆者識別の模索

（1）ほとんどの筆者識別者は、新しい筆者識別方法を導入して筆者識別すると、筆者識別手法について、司法関係者から厳しくその内容を吟味されたとき、明確な説明ができないかもしれないという恐怖から、従来からの筆者識別方法に固執し、新しい方法を開発する努力を怠っている。

（2）ごく少数の筆者識別者は新規な筆者識別方法を開発しているが、自己満足の研究段階で止め、その道の専門家や司法関係者の批判や批評を受けることを回避している。

（3）ほとんどの筆者識別者は、誰かが多大なエネルギーを費やして開発し、それが

司法で充分に吟味され、認められて、筆者識別者に対する識別方法の質疑がおこなわれる可能性が低くなった段階で使用すればよいと考えている。

（４）いま行われている長い経験と熟練に裏打ちされた筆者識別方法に危機感をいだき、客観的な手法で筆者識別をおこなう方法を模索している人達もごく少数ではあるが存在する。

（５）しかし、まだ筆者識別に、新たに開発した方法を応用している筆者識別者は、著者らのグループを除いてほとんど認められず、従来の発想の枠内で思考し、現在に至るまで筆者識別方法に大きな変革はもたらされていない。

今回は、すでに出版した「コンピュータによる筆者識別」、「改定コンピュータによる筆者識別」の内容に、新たに開発した二筆跡間の筆者識別、対照筆跡の個人内変動の確認、対照筆跡の個人内変動内に筆者識別目的筆跡が含まれるか否か等の内容を書き加えた大幅に改稿したものである。

平成 28 年 6 月 1 日

著者

第一章　コンピュータによる筆者識別の理念

　経験を基にした筆者識別は、成人の個人的な特徴がほぼ固定された筆跡に対して、各人の特徴を抽出して筆者識別をおこなっているが、明確な閾値がないために、筆者識別者の主観や外部からの情報に影響されることは避けられない。
　それに対して、著者らは、筆者識別に理工系の識別方法と同程度の客観性を持たせることを目的として、パーソナルコンピュータを使用して筆者識別をおこなう方法を開発し、15年ほど前から実際の筆者識別（筆跡鑑定）業務に応用してきた。

1　パーソナルコンピュータによる筆者識別の開発の目的
（1）従来の筆者識別（筆跡鑑定）方法のように長い経験と熟練を必要とせず、決められた手順に従っていけば、誰でも最終的に筆者識別が可能となる。
（2）しかし、鑑定書を作成するためには、なぜこの方法で筆者識別が可能なのかを、理論的に理解しておくことは必要である。

2　筆者識別対象筆跡の減少
　実際の筆者識別業務の経験から得られたこととして、
（1）書類や手紙などは公私に関係なくワープロ（コンピュータ）で作成されるようになり、肉筆で書かれた書類は激減し、筆者識別の対象となる筆跡は住所や氏名程度になってしまっている。
（2）さらに、メールの普及によって、私的な手紙類はほとんど見られなくなり、たまに書かれた手紙も、ワープロで印字されているのが多いのが現状である。
（3）その結果、老若を問わず字を書く機会が減少し、肉筆の入手の困難さどころか、今では文章作成能力の低下や漢字の忘却が大きな社会問題となっている。

3　パーソナルコンピュータによる筆者識別への多変量解析法の適用
　パーソナルコンピュータによる筆者識別へ多変量解析法を導入したのは、
（1）約三十年にわたって研究開発された、パーソナルコンピュータを利用した筆者識別方法について説明している。
（2）当然なことであるが、本書に書かれた方法がパーソナルコンピュータを利用した筆者識別に対し最も優れた方法だとは考えていない。
（3）この方法について、画像処理を専門とする研究者から、筆跡の数値化が幼稚であるとの指摘を受けている。
（4）しかし、画像処理の専門家は高度な画像処理技術を筆跡に応用しようとし、筆跡に画像処理を応用しようとの発想が乏しく、画像処理の研究者は、筆跡がどのような性質を持っているのかの知識が欠如していると考えざるをえない。
（5）**筆跡は、細部にまで高い再現性のあるものではない。**
（6）記載時期や記載時の環境等によって変化する部分を包容できるような方法で筆跡の画像処理をしないと、いつまでたってもパーソナルコンピュータを利用した筆者識別はできない。

本書は、筆者識別に多変量解析法の一部である、

（１）相関分析

（２）共分散分析

（３）クラスター分析

（４）主成分分析

（５）回帰分析

を適用している。

第一節　書き癖

　書道家などのように字を芸術として記載している人を除き、一般の人の筆字形態（書き癖）は、おおよそ高等学校を卒業する頃までに基本的な部分は固定されている。若い女性が一時期丸っぽい字を書くことがあっても、それは画の途中の運筆状態を変えているだけで、筆の導入部（始筆部）や止め部（終筆部）などは極端に変化することはない。従って、他人の筆字（文字）形態を模倣しても、始筆部や終筆部等から記載者自身の特徴まで消し去ることはできない。

　身近にいる人達の筆跡を見たとき、筆者識別者でなくてもそれが誰によって書かれたのかは瞬時に判断できる。このとき、各画の記載状態を細かく観察して判断してはいない。日常生活で見慣れている筆跡は、筆者の書き癖を踏まえた筆字（文字）形態が脳に記憶されているためである。従って、極めて限定された身近な人たちの集団内であれば、筆者識別目的筆跡は、誰によって書かれたものか容易に判断できる。それにもかかわらず、身近な人たちの集団内で、しばしば筆者識別目的筆跡が誰によって記載されたかが問題になる。

1　筆者が誰かで問題になる理由
（1）思い込みが激しく、筆字（文字）の形状が冷静に判断できない。
（2）自分にとって有利な部分を見つけ出そうとするあまり、筆字（文字）の形状の一部位のみに注目し、全体を見ていない。
（3）遺言書等は、精神的に負荷（緊張）がかかった状態で記載されているので、通常の記載速度と異なり、その結果運筆状態が異なってくる。
（4）加齢や病弱等によって筆に力が入らず、震え等により運筆状態に変化が生じる。
（5）筆者識別の対照とする筆跡（対照筆跡）の記載時期が、筆者識別目的筆跡の記載時期と大きく離れ、筆跡の形状にやや変化が生じている。
　などの理由が考えられる。

2　通常の記載速度で字を書くときの状態（書き癖）
（1）筆者は、一画一画の筆の導入位置や筆の止め位置を考えて書いているわけではない。一画一画の筆の導入位置や筆の止め位置を考えて記載していたなら、多大な記載時間が必要となり、膨大な時間を必要とする。
（2）筆者は無意識に各画を記載して、筆字の形体を整えている。
（3）仮に書き方を変えようと意識して書いても、通常の記載速度で字を書いていくと、自然と各人が習得した方法に従って、無意識に決められた位置に筆がいってしまう。
　これが書き癖といわれるものある。

3　経験に基づく従来からの方法を用いた筆者識別法
　従来からの筆者識別法は、
（1）書き癖を抽出するために、筆者識別目的筆跡（筆者不明の筆跡）と対照筆跡（筆者の明らかな筆跡）を画ごとに細かく比較検討しているわけではない。

（２）筆者識別目的筆跡と対照筆跡の両方を見たとき、極めて短い時間で同一人によって記載されたかどうかを判断している。

（３）その後、同一人によって記載されたかどうかを判断した理由づけとして、各画の運筆状態（丸み等）や終筆部の止や撥ね等の記載状態を選択して説明している。

（４）筆者識別者は、極めて短い時間で同一筆者によって記載された筆跡と判断したなら、対照筆跡から同様に記載されている部分を抽出し、同一筆者によって記載されたと説明し、異なった筆者によって記載されたと判断したなら、対照筆跡から筆者識別目的筆跡と異なった方法で記載されている部分を抽出する。

（５）従って、抽出した内容が、すべての対照筆跡に認められるものではない。

　誤解してはいけないが、経験に基づく従来からの筆者識別でも、かなりの精度で筆者識別が可能であることは間違いない。

第二節　書き癖の抽出

　書き癖の抽出は、記載された筆字（文字）を見て、極めて短い時間に筆者を判断した内容を、いかにして第三者が理解し納得できるように客観的に取り出すかである。

1　従来からの筆者識別による書癖の抽出法

（1）筆者識別目的筆跡と対照筆跡の特定部位の特徴を抽出し、筆者識別をおこなっているが、客観的な書き癖の抽出方法とは言い難い。

（2）筆者識別者が、筆者識別目的筆跡と対照筆跡が同一筆者によって記載されたものとの結論を導き出すためには、筆者識別目的筆跡と対照筆跡の全ての部位に共通していなくても、その部位を選択し、同一筆者によって記載されたと判断する。

（3）筆者識別者が、筆者識別目的筆跡と対照筆跡が異なった筆者によって記載されたものとの結論を導き出すためには、筆者識別目的筆跡に認められ、対照筆跡に認められない部分を抽出して、異なった筆者によって記載されたと判断する。

　従って、これらの方法は正確に書き癖を抽出しているとは言い難い。

　身近な人の筆跡は、筆者の筆跡を日常生活の場で繰り返し見ることで、大脳に筆者と筆跡の形状が一体となった記憶として大脳に保存されている。

2　大脳でおこなう筆者識別の流れ

　チャート1に、大脳でおこなう身近な人の筆跡の筆者確認の方法を示す。

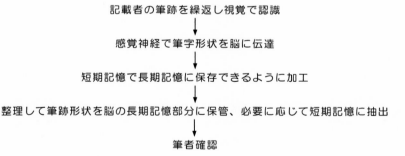

記載者の筆跡を繰返し視覚で認識

↓

感覚神経で筆字形状を脳に伝達

↓

短期記憶で長期記憶に保存できるように加工

↓

整理して筆跡形状を脳の長期記憶部分に保管、必要に応じて短期記憶に抽出

↓

筆者確認

チャート1　大脳でおこなう身近な人の筆跡形状の保存と筆者識別

3　大脳による身近な人の筆跡の筆者識別

　身近な人の筆者識別に対しては、目の前の筆跡が誰によって記載されたかの判断を、

（1）まず視覚（感覚器官）によって目の前の筆跡を認識し、感覚神経によってその形状が大脳に伝え（インプット）られる。

（2）大脳はこのインプットされた情報を短期記憶として保持しておき、以前に極めて類似した形状の筆跡と接したことがあるか否かを、大脳の長期記憶に保存されている記憶と照合する。

（3）照合方法は、目の前の筆跡の形状と大脳の長期記憶に保存されている筆跡の情報を順次短期記憶に呼び戻し、インプットされた情報と照合していき、類似していると判断したものを脳で整理し筆者名を提示（アウトプット）する。

（4）ついで、短期記憶からアウトプットされた情報が運動神経によって言語や行動として表現される。

（5）書き癖の抽出（筆者識別）は、脳に整理して保存されている長期記憶を短期記憶の領域に引きだし、感覚神経から入手した短期記憶と照合する方法に該当する。

（6）この照合に誤りがあれば無意識に筆者の判断を誤ったことになるし、意識的に一致しない筆者の筆跡を長期記憶から抽出すれば、鑑定に作為が働いたことになる。

（7）大脳の中で長期記憶から取出された情報と、視覚からインプットされた短期記憶の情報との照合がどのようにおこなわれているかがわかり、それが具象化できれば、筆者識別は完璧なものとなる。

　人間の大脳の働きは非常に複雑であり、簡単に具象化することはできない。しかしながら、大脳の働きから推定されることとして、**書き癖は筆字（文字）の個々の画の特徴ではなく、筆字（文字）全体の形状を書き癖として捉えているものと考えられる。**

4　大脳による身近な人の筆跡の筆者識別の方法

　チャート2に筆跡の大脳での照合（判断）方法を示す。

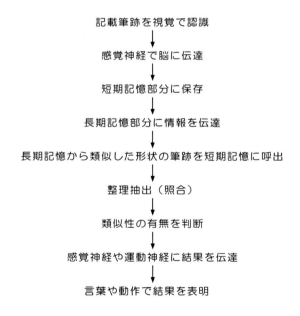

記載筆跡を視覚で認識

↓

感覚神経で脳に伝達

↓

短期記憶部分に保存

↓

長期記憶部分に情報を伝達

↓

長期記憶から類似した形状の筆跡を短期記憶に呼出

↓

整理抽出（照合）

↓

類似性の有無を判断

↓

感覚神経や運動神経に結果を伝達

↓

言葉や動作で結果を表明

チャート2　大脳でおこなう身近な人の筆者識別

5　裁判のためにおこなわれている筆者識別

　裁判のためにおこなう筆跡の筆者識別は、一般の人がおこなっている身近な人から

の筆者の判断と根本的に異なっている。

（１）筆者識別目的筆跡と対照筆跡は、筆者識別作業のときに始めて目にする。

（２）従って、筆者識別者の脳に、長期記憶として整理貯蔵されている情報はない。

（３）筆者識別に使われるすべての情報は、感覚神経によって脳に伝えられた短期記憶だけである。

（４）身近な人の筆跡の長期記憶の情報も、短期記憶の領域に移行して類似性の有無を照合しているので、両者の筆者識別にそれほど大きな違いはない。

（５）裁判のためにおこなわれる筆者識別は、筆者識別目的筆跡と対照筆跡を短期記憶にインプットし照合しているので、インプットされた情報内容は、身近な人の筆跡の長期記憶から取出された情報よりもはるかに少ない。そのために、見慣れた筆跡が長期記憶に保存され、短期記憶からの要望に応じて提出する、身近な人の筆跡の筆者識別の場合と比較して、若干誤判断する可能性がある。

6　従来からおこなわれている裁判のためにおこなわれている筆者識別の問題点

従来からおこなわれている、経験による筆者識別では、

（１）筆跡のどの部分に注目すれば誤判断を少なくできるかを、長い経験と熟練から習得し、その知識を基にして筆者識別をおこなっているが、それほど安易なものではない。

（２）筆者識別目的筆跡と対照筆跡が、それぞれ強い個人的特徴を持っている筆跡であれば、容易に筆者識別をおこなうことができる。

（３）強い個人的特徴が認められない場合は、今までの筆者識別の経験と熟練を駆使して、筆跡間の類似性や非類似性を抽出し、筆者識別をおこなうことになる。

（４）どのように経験を積んでも、筆跡間の類似性や非類似性の抽出基準の判断が、個々の筆者識別者によって微妙に異なっているために、筆者識別結果に違いがでてくる可能性は避けられない。

（ア）その結果、複数の筆者識別者によって筆者識別をおこなうと、異なった筆者識別結果が得られる場合がある。

（イ）裁判で、それぞれの筆者識別結果が正しいものと主張するので、本当は誰が記載したのかがわからなくなる。

（ウ）このことは、人が直観や事前の予備知識で筆者識別をおこなう以上避けられない問題といえる。

（５）経験と熟練による筆者識別（筆跡鑑定）は、

（ア）経験と熟練の容量（才能と経験年数）が多いか少ないか

（イ）経験と熟練の容量が、正確に整理して大脳（長期記憶）に保存されているか否か

（ウ）保存されている経験と熟練の容量が、実際の筆者識別に正確に適用できるかどうか

にかかっている。

7　筆者識別者の経験と熟練を駆使し筆跡の書き癖を抽出する筆者識別法

従来からおこなわれている、経験による筆者識別法は、

（1）筆跡全体の形状を比較し、明確に判断できればその時点で照合を終了してアウトプットし、明確な判断ができなければ筆跡の細部を見て照合しアウトプットする。

（2）筆者識別者の視覚に頼っている以上、筆跡の細部の捕らえ方が筆者識別者によって異なってくることは避けられない。

（3）筆者識別者の心情が大きく影響する。

（ア）筆者識別者の判断が同一筆者の筆跡の方に傾いていれば、どうしても類似している部位に注目する。

（イ）異なった筆者の筆跡の方に傾いていれば、筆者識別目的筆跡と対照筆跡間の異なった部位に注目する。その結果、誤判断をしてしまう場合がある。

（4）このようなことを避けるためには、あらかじめ長期記憶に筆者識別手法を整理整頓しておき、筆者識別に際しては、厳格に記憶されている基準に従っておこなうことが必要不可欠となる。筆者識別ごとに書き癖の抽出基準を変えていては、私見を排除した筆者識別をおこなうことは不可能である。

8　コンピュータによる書き癖の抽出

（1）経験と熟練を駆使した筆者識別で、従来からおこなわれている経験による筆者識別法で、筆跡全体の形状から極めて短時間で同一筆者によって記載されたものか否かを判断していることを考慮し、筆跡〔筆字（文字）〕全体の形状を抽出することを目的としている。

（2）1文字の筆字から、始筆部、終筆部、筆転折部等の複数の測定点（座標点）を選択し測定する。

（3）選択したすべての測定点（座標点）から、筆跡全体の形状を数値に変換する。

（4）数値化された各測定点（座標点）間を比較することで筆者識別をおこなう。

　この方法は、筆跡のどこに筆者の書き癖があるかが不明な場合でも、無意識に書き癖を抽出することができる。

第二章　コンピュータによる筆者識別の方法

　コンピュータによる筆者識別は、筆跡を数値に置き換えない限り不可能である。いかにして、筆者識別目的筆跡と対照筆跡が持っている書き癖せを失うことなく数値化できるかで、コンピュータによる筆者識別の成否が決まることになる。
　筆跡の数値化は、
（１）　筆者識別目的筆跡と対照筆跡を構成する各筆字の全体を画像として取込むと、個人内変動が大きすぎて筆者識別はできない。
（２）　筆跡は筆者の意思の伝達手段であり、筆字の形体がわかれば意思の伝達はおこなわれたことになる。
（３）　従って、筆者は各筆字の細部にまでこだわっていない。
（４）　日常生活（日記等に記載）に書いている筆字と、公式文書（契約書等）に書いている筆字は、運筆速度が異なっているので、筆字の各画の記載状態がやや異なっている。
（５）　このような状態で記載された筆跡間の筆者識別を、各筆字の細部にまでこだわって（筆字全体を画像として取込む）筆者識別をおこなうと、筆者の書き癖せを正確に抽出できず、
（ア）　同一筆者によって記載されたにもかかわらず、異なった筆者によって記載と判断
（イ）　異なった筆者によって記載された筆跡が、同一筆者によって記載されたと判断することはない。
（ウ）　筆者識別不可能
となる。
　コンピュータを用いた筆者識別は、筆者の個人内変動を許容できるような方法で、いかにして筆者識別目的筆跡と対照筆跡が持っている書き癖せを失うことなく数値化できるかである。
　本書では、筆者の個人内変動が許容できるような、筆字を図形として捉え、
（６）　筆字の始筆部、終筆部、筆転折部を二次元の座標点（ｘ、ｙ座標）を数値として読取る方法で筆字を数値化
（７）　筆跡を構成している筆字の数値を、構成順に筆字順に並べ、筆跡を数値化ている。

第一節　筆跡から測定点（座標点）の読取り

　文書などに記載された大きさのままで、筆者識別（筆跡鑑定）のために、筆跡の各画の座標点（測定点）の数値を読取るには、筆跡（筆字）が小さすぎて上手くいかない。そのために、まず筆跡を拡大する作業から始める必要がある。

1　筆跡の拡大（縦×横、10〜15cm×10〜15cm）の方法
（１）レンズを用いた実体顕微鏡等の光学的手法で拡大する。
　　　拡大した筆跡を写し取るのに膨大な作業が必要となる。
（２）写真撮影後引き伸ばしする。
　　　経費がかかりあまり実用的ではない。
（３）筆跡をスキャナで読取り、コンピュータ上で計測するか、拡大した筆跡（筆字）を印刷後１mm角の方眼紙をあてて計測する。
　　　現在では、（３）のスキャナで読取り、コンピュータ上で計測するか、拡大した筆跡（筆字）を印刷後１mm角の方眼紙をあてて計測する方法をおこなっている。

2　スキャナによる筆跡（筆字）の取込み方法
（１）筆者識別対象筆跡が１枚の紙（単票）に記載されているならば、そのままスキャンして筆跡を取込む。
（２）数枚の紙片がホチキス等で綴じられている場合は、ホチキス等を取り外し、１枚の紙（単票）にしてからスキャナで筆跡を取込む。
（３）ノートや冊子のように１枚の紙（単票）にできない場合は、筆跡（筆字）が歪まないように細心の注意を払いながらスキャナで筆跡を取込む。当然、歪みが生じた筆跡からは正確な各画の測定点（座標点）は読取れない。
（４）１枚の紙（単票）にできないような場合は、綴じ代に近い部分の筆跡は、筆者識別対象筆跡から除外する。
　　　歪みが生じて筆者識別（筆跡鑑定）が困難となった例を図1右側に示す。

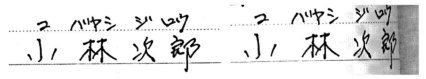

筆者識別（筆跡鑑定）可能　　　　　　　筆者識別（筆跡鑑定）不可能

図１　筆跡のスキャン結果

　図１右側に示した「次郎」のような、歪みが生じた筆字をそのままで筆者識別をおこなえば、
（ア）当然測定点（座標点）の位置がずれてくる。
（イ）そのために、コンピュータを用いた筆者識別では、同一筆者の筆跡でも異なっ

た筆者によって記載されたと判断されてしまうことになる。

（５）スキャナで筆跡を取込むときには、スキャナの解像度の選択が必要となる。

（ア）スキャナの解像度は、作業時間との関係もあるので一概には言えないが、できるかぎり高いほうがよい。

（イ）取込み時間を短縮するために、解像度を低くすると筆跡の細部が不明確となる。

（ウ）逆に解像度を高くしすぎると、筆跡の細部まで明確になるが、長い取込み時間と容量の大きな記憶媒体を必要とするので、実用的ではない。

　図２にスキャナの解像度と取込んだ筆跡の画像の状態を示す。

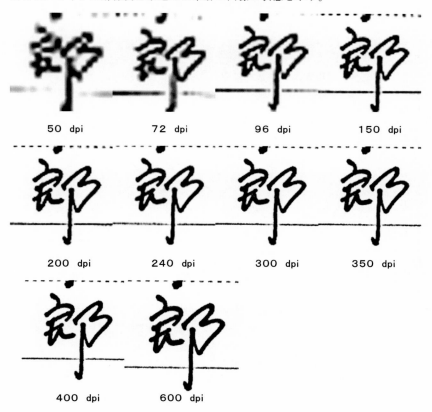

50 dpi	72 dpi	96 dpi	150 dpi
200 dpi	240 dpi	300 dpi	350 dpi
400 dpi	600 dpi		

図２　解像度の違いによる取込筆跡の状態

（エ）図２に示した画像の結果から、スキャナの解像度は 200〜300 dpi の範囲でおこなえば、作業場の取込み時間と記憶媒体の容量が許容できる範囲内である。

第二節　筆跡の数値化

　そもそも、文字は意思の伝達手段であり、相手に自分の意思が伝われば目的を達成するので、文字の形状がわかれば、それで目的を達成したことになる。従って、筆字（文字）の細部に渡るまで再現性よく記載する必要はないので、筆字｛文字（図形）｝の細部は当然微妙に変動している。大脳で記憶している筆字（文字）と視覚で捉えた筆字（文字）の照合は、概形が一致していれば同一筆字（文字）と判断している。

　筆者識別（筆跡鑑定）の対象となり得る筆跡は、紙面上に記載されている場合が圧倒的に多いが、たとえ紙面上でなくても直線や曲線から構成されている筆字（文字）は二次元座標上（x座標とy座標の平面上）にあれば、筆者識別（筆跡鑑定）の対象となる。

1　コンピュータで筆者識別（筆跡鑑定）をおこなうためには

（1）筆跡を客観的な数値として表さなければならないので、二次元座標上に記載された筆字の決められた位置を、二次元座標点として数値化すればよい。

（2）筆跡を二次元座標点として読取る時には、あまり細部に至るまで座標点として選択しないほうがよい。

（3）決められた測定点（座標点）の選択とその計測方法は、あらかじめ明確な基準を決めておかないと、筆者識別者（鑑定者）の主観が混入する。

（4）大脳では筆字（文字）の大きさを自由に調整できるが、二次元座標点の数値として取出す方法では大きさの調整が自由にできないので、どこかで筆字（文字）の大きさを調整する必要がある。

（ア）そのために、可能な限り離れた、明確に記載されている始筆部、終筆部、転折部を基線の2点として選択する。

（イ）筆字の決められた測定点（座標点）の数値を基線の長さ（2点間の距離）で除し、筆字の大きさを揃える。

2　筆跡の数値化のための測定点（座標点）の選択

　筆字から測定点（座標点）を選択する場合、主観で測定点（座標点）を選択してはいけない。鑑定前に与えられた予備知識や目視の情報から、情報に合致するように測定点（座標点）を選択すれば、それは客観的な筆者識別ではない。従って、

（1）筆者識別目的筆跡と対照筆跡の測定点（座標点）は、明確或いは比較的明確に記載された筆字（文字）の筆導入部（初筆部）、筆止部（終筆部）、筆転折部等の位置をすべて選択する。

（2）筆者識別目的筆跡と対照筆跡のいずれも筆抜部が止めて記載されていれば、これらの部位も当然測定点（座標点）として選択する。

（3）逆に筆者識別対象筆跡内の一部の筆跡の筆止部が、抜いた状態で記載されていたり、筆転折部が極端に湾曲して記載されていたりすれば、全ての筆者識別対象筆跡の測定点（座標点）から除外する。

（4）たとえ運筆部に特徴が見られても、運筆部を測定点（座標点）として選択しな

い。

（５）欠損した画が認められた場合は、全ての筆者識別対象筆跡に対して、該当する画の測定点（座標点）は測定しない。

（ア）欠損した画の測定点（座標点）をゼロ(0)とすると、この測定点（座標点）が筆者識別に大きく影響し、筆字全体の形状からの筆者識別が困難となる。

（イ）欠損した画があれば、当然他の画の記載位置に影響してくるので、欠損した画の測定点（座標点）をゼロ(0)としなくても、筆字全体の形状からの筆者識別をおこなっていることになる。

筆字の測定点（座標点）を数値化する方法をチャート１に示す

計測する筆跡の筆導入部、筆止部、筆転折部等の測定点（座標点）を決定

↓

筆跡を二次元座標上におき、x、y軸と筆跡の大きさを揃えるための基線の位置を決定

決められた筆跡の基線の長さ及び測定点（座標点）を測定

↓

筆跡を構成している筆字（文字）ごとに測定値をx、y順に並べ基線の長さで除し、出現筆字順に一列（行）で表示

チャート１　筆跡（筆字）の数値化

　実際の筆字（文字）には余分な画が記載されていたり、一部の画が記載されていなかったりする場合がしばしば認められる。やっかいなことに、複数の対照筆跡グループの一部にも、このことが認められる場合が多々ある。従って、筆字（文字）の一部の画の過剰や欠損は、筆者識別（筆跡鑑定）時における書き癖とはならない。

　画の過剰或いは欠損していた筆跡（筆字）の例を図３に示す。

8，9画が欠損　　　　　　　　　　　5画の後の1画過剰

欠損　　　　　　　　　　　　　　　　過剰

図３　画の過剰或いは欠損していた同一筆者による筆跡（筆字）

3 筆跡の数値化のための測定点（座標点）の選択の注意点

筆跡の数値化に対しては、

（１）筆者識別の対象となる、すべての筆跡の各画が記載されているかどうかを確認する。

（ア）筆者識別の対象となる筆跡で、全てか或いは一部に特定の画が欠落しているならば、その画は測定点（座標点）から除外する。

（イ）筆者識別の対象となる筆跡の全てに過剰に記載された画があれば、その画は測定点（座標点）に加える。

（２）各画が正確に書かれた複数の対照筆跡のなかで、サインなどのように略字の状態で記載された筆跡が混在しているようなときは、その筆跡は筆者識別の対象から除外する。

（ア）除外しないと、同一の筆者によって記載された対照筆跡の個人内変動幅が極端に大きくなる。

（イ）サインなどのように略字の状態で記載された筆跡が対象筆跡グループから大きく分離する。

（ウ）その結果、異なった筆者によって記載された筆者識別目的筆跡が同一筆者によって記載されたと判断されたり、同一の筆者によって記載された筆跡が異なった筆者によって記載されたと判断されたりする危険性が生じる。

（エ）除外した場合は、筆者識別経過か参考事項のところで、除外した理由を明記する。

（オ）どうしても除外できない場合は、サインなどのように略字の状態で記載された筆跡を含む全ての筆者識別対象筆跡について、正確或いは比較的正確に記載された測定点（座標点）のみを用いて筆者識別をおこなう。{当然、測定点（座標点）数は大きく減少する。}

（３）「一」や「二」などのようにごく少数の画数からなる筆字（文字）は基線を採ると測定点がなくなるのでを本方法では除外する。

（４）筆者の書き癖の抽出洩れを恐れて、筆跡の各画の運筆状態までも細かく測定点（座標点）として読取らない。

（ア）筆跡の各画の運筆状態までも細かく測定点（座標点）として読取ると、同一筆者によって記載された筆字（文字）でも、個人内変動幅が大きすぎて信頼性の高い筆者識別結果が得られない。

（イ）筆字（文字）は意思の伝達手段であるから、人は文字を書くとき各画の運筆のすべてを定規で線を引くように再現性よく正確には書くことはしない。

（ウ）同一筆者が記載しても、内外に大きく湾曲するときもあれば、ほとんど直線に近いときもある。

（エ）筆者識別用語で云えば、同一筆者でも細部に渡るまでの筆跡の恒常性はそれほど高くはない。

（５）繰り返すが、測定点（座標点）は、始筆部、筆が明確に止められた終筆部、明確に読み取れる転折部、筆抜き部が止められた状態で記載された部位に限定する。

同一筆者によって記載された、個人内変動の大きな筆跡を図4，5に示す。

資料1　　　　　資料2　　　　　資料3　　　資料1〜3の重合せ

図4　同一筆者の筆跡「捕」

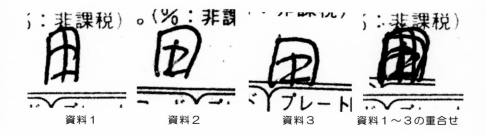

資料1　　　　　資料2　　　　　資料3　　　資料1〜3の重合せ

図5　同一筆者の筆跡「田」

4　筆跡（筆字）の大きさの統一化〔筆字（文字）の大きさを揃える方法〕

　測定点（座標点）の測定値を基線で除す理由は、同一人が同じ文字を連続して書いても、その大きさは微妙に違ってくるためである。対照筆跡として5筆跡を筆者識別に使用し、4筆跡はほとんど大きさが変わらず、1筆跡の大きさが異なっていたとすると、この大きさの異なった1筆跡のために、対照筆跡の個人内変動幅が大きくなり、筆者識別結果の信頼性は著しく低下する。そのために、筆跡（筆字）の大きさを揃えることが必要不可欠となる。筆字（文字）の大きさを揃える方法は、

（1）特定の画の長さや文字を枠にはめて枠の大きさを相対的に揃える。

（2）筆字（文字）内で明確に記載されている、可能な限り離れた特定の2点を選択後、その間の距離（基線）を測定し、測定した各測定点（座標点）をこの基線の長さで除す。

　本法では（2）の方法を用いている。

（3）基線となる特定の2点が筆者の書き癖を示していたり、記載時の変動が大きく基線の位置によって除した数値が影響を受けたりすることも考えられるので、基線の始点と終点の決定は複数個設定する。（通常は、基線は2本選択する）

21

（**ア**）基線として選択しない場合は、測定点（座標点）となる。

（**イ**）基線と測定点（座標点）が 10 点ならば、読み取る測定点（座標点）は 8 点となる。

（**4**）基線となる特定の2点は、筆導入部（始筆部）や筆止部（終筆部）を選択するのが一般的で、可能なかぎり基線が長くなるように2点を選択する。

（**5**）基線の長さを可能な限り長くするのは、基線で除した測定点（座標点）の数値が大きくなると、測定点の位置の些細な違いが拡大され、筆者識別に負の影響を与えるためである。通常は、測定値を基線で除した補正値が最大でも 1.00000～1.20000 程度にすることが望ましい。

第三節　基線の長さ及び測定点（座標点）の位置と読取り

　スキャナで読取り拡大した筆跡の決められた位置の測定点（座標点）を読取るには、直接ディスプレイ（コンピュータの画面）から読取ってもよいし、画面上に方眼紙を置いて読取ってもよい。要は、拡大された文字の読取り位置が二次元座標で読取れるならばどのような方法を選択しても、測定点（座標点）の数値には何ら問題はない。

1　筆跡から決められた測定点（座標点）の数値を読取る方法

（1）筆字（文字）を二次元座標上にどのように置くかを、あらかじめ決めておく必要がある。

（2）本書では、すべて基線となる特定の2点の片方を原点に、もう片方をy軸上に持っていき、基線の長さをy軸と重ねる方法を取っている。このようにすると、基線の長さはy軸の座標点を読取るだけですむ。

（3）測定する測定点（座標点）は、筆跡全体の形状を数値として表わすことになり、数値化された各測定点（座標点）間の数値を比較することで、筆者識別が可能となる。

（4）すでに説明したように、筆者識別をおこなうための測定点（座標点）は、主に筆導入部、筆止部、筆転折部を二次元座標上の測定点（座標点）として選択する。測定点（座標点）の読み取りは、

（ア）筆跡を拡大し、基線の位置をy座標に設定した後、決めたら順序に従って、筆導入部（始筆部）、筆止部（終筆部）、筆転折部等の各測定点（座標点）のx，y座標を順次読取り一列（行）に並べる。

（イ）複数の筆字（文字）をこの方法で数値化し、各筆字（文字）の測定点（座標点）の読取り順序を変えないで、複数の筆字（文字）から形成されている筆跡を 50 以上の数値に変換する。

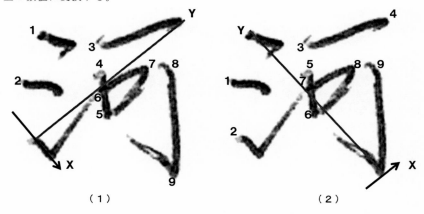

（1）　　　　　　　　　　　　　　（2）

図6　基線（Y軸の長さ）と読取る測定点（座標点）

23

2　方眼紙を用いた読取り方法

（1）最初に比較的明確に記載されている筆導入部（始筆部）、筆止部（終筆部）、筆
　　転折部等を選択し、基線の位置を決定する。

（2）ついで、基線を方眼紙の縦方向をY軸に合わせた後、基線の長さと各測定点（座
　　標点）を決められた順序｛測定点（座標点）の番号順｝に従ってX座標、Y座標の
　　順に読取っていく。

　　図6の「河」字の基線と9点の測定点（座標点）を読取った結果（単位mm）を表
　　1に示す。

表1　「河」字（図4）の基線の長さと測定値

基線(1)				基線(2)			
基線の長さ:108				基線の長さ:111			
座標点	読取数値	座標点	読取数値	座標点	読取数値	座標点	読取数値
1X	-44	6X	2	1X	-25	6X	-4
1Y	42	6Y	46	1Y	96	6Y	50
2X	-28	7X	9	2X	-42	7X	2
2Y	17	7Y	76	2Y	69	7Y	65
3X	-20	8X	12	3X	21	8X	32
3Y	64	8Y	83	3Y	86	8Y	56
4X	-6	9X	67	4X	64	9X	38
4Y	60	9Y	47	4Y	64	9Y	53
5X	18			5X	8		
5Y	40			5Y	72		

（3）基線の設定と選択する測定点（座標点）の位置は、記載された筆者識別対象筆
　　跡によって異なってくるが、筆導入部（始筆部）、筆止部（終筆部）、筆転折部を基
　　線や測定点（座標点）とする基本方針を変えてはいけない。

（ア）図6の「河」筆字（文字）の場合は、基線の設定は2通り、測定点（座標点）
　　の位置は、位置が明確ではない六、七画の筆止部（終筆部）は除外する。

（イ）図6の「河」筆字（文字）は9箇所のx、y座標を読取っているので、36個の
　　数値｛測定値（カテゴリー）｝で示されることになる。

（ウ）測定点（座標点）は筆順に従って決める必要はないが、読取る測定点（座標点）
　　の順番を取り違えてはいけない。常に、筆者識別目的筆跡と対照筆跡の筆字（文字）
　　から読取る測定点（座標点）の順序は、同じにしなければならない。

（4）測定点（座標点）を順次読取っていった順番がカテゴリーといわれるもので、
　　筆者識別は各筆者が記載した筆跡の各カテゴリー内での違いをコンピュータで比較
　　検討している。

　　従って、筆跡から読取った各カテゴリーの数値｛あとで説明するが、実際の筆者識
　　別では基線で除した数値（補正値）を使用している｝のすべてが極めて近似していれ
　　ば、同一筆者によって記載された筆跡と判断されるし、異なっていれば、異なった筆

者によって記載されたと判断される。

3　座標点の読取り方法

　重要なことなので、どのように測定していくのかを、図6の「河」筆字（文字）から基線の長さと座標点の読取り方を説明する。

（1）まず、図6の（1）のように、基線は三画の筆導入部を始点（原点）、四画の筆止部を終点（Y軸上）とする。

（2）ついで、図6に示した番号順に測定点（座標点）のx座標とy座標数値を読取っていく。このようにして読取った基線の長さと座標点の数値は表1のようになる。

（3）筆跡を構成している各筆字（文字）の基線の長さと測定点（座標点）をこのようにして数値化して、筆跡を1列（行）の数値として表示する。

（4）次に、図6の（2）のように、基線は八画の筆止部を始点（原点，）一画の筆導入部を終点（Y軸上）とする。

（5）図6の（1）、（2）で基線の始点と終点の位置を逆にしたのは、相関分析、共分散分析、回帰分析、ユークリッド距離の計算は、測定点（座標点）の測定値（補正値）をスケーリング処理しないので、2通りの基線に対する同一の測定点（座標点）のx軸の測定値（補正値）が類似した数値にならないようにするためである。

（6）当然、数値化した各筆字（文字）を並べていく順序も同じにしなければならない。

第四節　筆字（文字）の大きさを揃えるための読取った数値の補正

　基線の位置を決めて読取った測定点（座標点）の数値を基線の長さで除し、得られた数値が補正値である。

（1）補正値は必ず測定点（座標点）の番号順に並べていく。

（2）並べ方は、測定点（座標点）の番号順にx座標、y座標の数値を並べていってもよいし、先にx座標の数値だけを並べ、その後にy座標の数値を並べていってもよい。

（3）重要なことは、筆者識別作業のなかで、処理していく筆字（文字）に対して常に同じ方法（決められた規則）で並べていくことが必要不可欠な条件となる。そうでないと、筆跡間の、各補正値（カテゴリー）間の数値の違いで筆者識別をすることができなくなってしまう。

（4）1筆跡の複数の筆字（文字）から得られた補正値は1列（行）にしなければならない。

（ア）筆跡が4筆字（文字）から構成されており、基線を2通り設定し、4筆字（文字）の測定点（座標点）が8，15，10，7点であるならば、

（イ）筆跡は（基線の数）×（x，y座標）から、$2 \times (8 \times 2) + 2 \times (15 \times 2) + 2 \times (10 \times 2) + 2 \times (7 \times 2) = 32 + 60 + 40 + 28 = 160$ のカテゴリーが得られ、1列（行）の補正値数は160個になる。

1　コンピュータによる筆者識別に使用する筆跡の補正値

　各測定点（座標点）の数値を基線の長さで除した数値を使用している。

（1）表1の数値をそれぞれの基線の長さで除して得られた補正値を表2に示す。筆跡が4筆字（文字）で構成されていれば、表2のような数値を4個組合せ1列（行）に並べたものが、数値化された筆跡となる。

表2　「河」字（図4）の基線で補正した数値

カテゴリー番号	補正値	カテゴリー番号	補正値	カテゴリー番号	補正値	カテゴリー番号	補正値
	基線（1）				基線（2）		
1	-0.407	11	0.019	19	-0.225	29	-0.036
2	0.389	12	0.426	20	0.865	30	0.450
3	-0.259	13	0.083	21	-0.378	31	0.018
4	0.157	14	0.704	22	0.622	32	0.586
5	-0.185	15	0.111	23	0.189	33	0.288
6	0.593	16	0.769	24	0.775	34	0.505
7	-0.056	17	0.620	25	0.577	35	0.342
8	0.556	18	0.435	26	0.577	36	0.477
9	0.167			27	0.072		
10	0.370			28	0.649		

（2）補正値（カテゴリー）数が 160 個の筆者識別目的筆跡が 1 筆跡、対照筆跡が 5
筆跡ならば、 6 ×160 の数値をコンピュータに入力することになり、コンピュータ
による筆者識別は 6 ×160 行列でおこなうことになる。

2　コンピュータによる筆者識別方法

第八章で実例をもとに詳しく説明する。

チャート 2 に、コンピュータによる筆者識別方法を模式的に示した。

読取る筆跡の筆導入部、筆止部、筆転折部等から〔測定点（座標点）〕の決定

↓

筆跡を二次元座標上におき、x、y 軸と筆跡の大きさを揃えるための基線
の位置（始点と終点）を設定

↓

基線の長さと筆跡の筆導入部、筆止部、筆転折部等の測定点（座標点）を測定

↓

筆導入部、筆止部、筆転折部等の測定値を基線で徐す（補正値）

↓

補正値を用いてコンピュータで筆者識別（筆跡鑑定）

↓

複数の方法によって得られた筆者識別（筆跡鑑定）結果から総合的な考察

↓

筆者識別（鑑定）結果の確定

チャート 2　コンピュータによる筆者識別（筆跡鑑定）の流れ

第三章　多変量解析法による筆者識別のための

スケーリング方法

　筆者識別は、すでに繰返し説明したように、1つの筆跡が50個以上の数値（カテゴリー）に置き換えられ、筆者識別対象筆跡（筆者識別目的筆跡＋対照筆跡）がもっている各補正（カテゴリー）値内の数値の違い（分散の程度）を比較している。

1　スケーリング処理が必要な理由

（1）もし、筆者識別対象筆跡がもっている50以上の補正値（カテゴリー）のなかで、5～10個の補正値（カテゴリー）がもつ数値の桁数が、その他の補正値（カテゴリー）と比べて極端に大きかった場合、その補正値（カテゴリー）が筆者識別に非常に大きな影響を与え、この5～10個の補正（カテゴリー）値のみで筆者識別がおこなわれてしまう可能性が高い。

（2）その結果、筆跡全体の形状から筆者識別（筆跡鑑定）おこなうという本来の目的から離れ、筆字（文字）の特定の位置（部位）のみに注目した筆者識別になってしまう。

（3）しかも、基線の取り方、すなわちx、y座標をどのように引くかで筆字（文字）の測定点（座標点）の補正値の桁数が異なってくるので、筆者識別に非常に大きな影響を与える測定点（座標点）の数値も変わってくる。

（4）当然、原点に近い測定点（座標点）は、原点から離れた測定点（座標点）よりも数値の桁数が小さく、それを桁数の大きな基線の長さで除せば、変化割合（分散）は原点から離れた測定点（座標点）よりも小さくなる。

（5）その結果、原点に近い測定点（座標点）ほど筆者識別に与える影響が小さくなり、基線の取り方によって筆者識別結果が異なってしまい、客観的な筆者識別はとてもできない。

　このようなことがおこらないように、すべての補正値（カテゴリー）が同じような重みで筆者識別に用いられるようにするためにスケーリングという処理をおこなっている。

　実際のコンピュータによる筆者識別は、測定値を基線で除した数値を入力し、スケーリング方法を選択しさえすれば、あとはコンピュータが自動的に選択したスケーリング処理をおこなうようにソフトが組まれているものが多い。

　スケーリング方法としては、（ア）平均スケーリング、（イ）レンジスケーリング、（ウ）オートスケーリング、（エ）分散スケーリング、（オ）偏差値スケーリングなどの方法があるが、通常はオートスケーリングが用いられる場合が多い。

第一節　平均スケーリング

　各補正値〔カテゴリー（列）〕の平均値を求め、各補正値（カテゴリー）の数値から平均値を差し引いた値をその筆跡の補正値（カテゴリー）の数値とする。

1　平均スケーリングの利点と欠点

（1）変動の大きな補正値（カテゴリー）の数値は、変動の小さな補正値（カテゴリー）の数値より平均値からの残さが大きく、すべての補正値（カテゴリー）が同じ桁数になるとは限らない。

（2）その結果、変動の大きな特定の補正値（カテゴリー）を中心として筆者識別（筆跡鑑定）がおこなわれることになる。

（3）しかし、変動幅の大きい補正値（カテゴリー）の変動幅は大きく、変動幅の変化状態は元のまま保持されている。

2　平均スケーリングの計算方法

　平均法で補正した筆跡番号が i 、補正値（カテゴリー）番号が j の数値 S_{ij} は、

$$S_{ij} = U_{ij} - \ddot{U}_j$$

の式から計算する。ここで、$\ddot{U}_j$ は補正（カテゴリー）値番号 j の平均値、U_{ij} は筆跡番号 i 、補正値（カテゴリー）番号 j の読取った数値を示す。この式で補正値の平均スケーリング値を計算すると、表1に示したようになる。

表1　補正値を平均スケーリングした数値

番号	記号	補正値				記号	平均スケーリング値			
		カテゴリー番号					カテゴリー番号			
		1	2	3	4		1	2	3	4
1	S	−0.311	0.294	0.000	−1.164	S	0.098	0.027	0.005	−0.243
2	R1	−0.442	0.248	−0.062	−0.750	R1	−0.033	−0.019	−0.057	0.171
3	R2	−0.330	0.272	0.078	−1.102	R2	0.079	0.005	0.083	−0.181
4	R3	−0.533	0.367	−0.056	−0.714	R3	−0.124	0.100	−0.051	0.207
5	R4	−0.342	0.155	0.205	−0.798	R4	0.067	−0.112	0.210	0.123
6	R5	−0.496	0.269	−0.193	−1.000	R5	−0.087	0.002	−0.188	−0.079

S：筆者識別目的筆跡；R：対照筆跡
実際のカテゴリー数は50以上

第二節　レンジスケーリング

　各筆跡の各補正値（カテゴリー）について、各補正値（カテゴリー）内の最大値を
1.000、最小値を 0.000{補正値（カテゴリー）}ごとに分散を 1.000}とし、すべて
の数値を 0.000 から 1.000 の間の数値に変換する。

1　レンジスケーリングの利点と欠点

（1）どの各補正値（カテゴリー）も桁数は同じになる。この方法では変動幅の大き
　　い各補正値（カテゴリー）の変動幅は小さくなり、変動幅の小さい補正値（カテゴ
　　リー）の変動幅は大きくなる。

（2）この方法は、実際より各補正値（カテゴリー）内の変動幅（分散）が拡大され
　　たり縮小されたりするため、各筆跡の特徴が相殺される場合があるのであまりよい
　　方法とはいえない。

2　レンジスケーリングの計算方法

　レンジスケーリングで補正した筆跡番号が i 、補正値（カテゴリー）番号が j の数
値 S_{ij} は、

$$S_{ij} = (U_{ij} - U_{j(min)}) / (U_{j(max)} - U_{j(min)})$$

の式から計算する。ここで、$U_{j(min)}$ は補正値（カテゴリー）番号 j の最小値、$U_{j(max)}$
は補正値（カテゴリー）番号 j の最大値、U_{ij} は筆跡番号 i 、補正値（カテゴリー）
番号 j の読取った数値を示す。この式で補正値からレンジスケーリング値を計算する
と、表2に示したようになる。

表2　補正値をレンジスケーリングした数値

番号	記号	補正値 カテゴリー番号 1	2	3	4	記号	レンジスケーリング値 カテゴリー番号 1	2	3	4
1	S	-0.311	0.294	0.000	-1.164	S	1.000	0.657	0.485	0.000
2	R1	-0.442	0.248	-0.062	-0.750	R1	0.409	0.438	0.330	1.000
3	R2	-0.330	0.272	0.078	-1.102	R2	0.914	0.551	0.680	0.149
4	R3	-0.533	0.367	-0.056	-0.714	R3	0.000	1.000	0.346	1.086
5	R4	-0.342	0.155	0.205	-0.798	R4	0.862	0.000	1.000	0.884
6	R5	-0.496	0.269	-0.193	-1.000	R5	0.169	0.538	0.000	0.396

S：筆者識別目的筆跡；R：対照筆跡
実際のカテゴリー数は50以上

第三節　オートスケーリング

　各補正値（カテゴリー）の平均値を 0.000、分散を 1.000 として各測定値を計算する。

1　オートスケーリングの利点と欠点
（1）レンジスケーリングほどではないが、変動幅の大きい補正（カテゴリー）値の変動幅は小さくなり、変動幅の小さい補正値（カテゴリー）の変動幅は大きくなる
（2）しかし、各補正値（カテゴリー）内の分散に変化はなく、最もよく用いられる方法である。

2　オートスケーリングの計算方法
　オートスケーリングで補正した筆跡番号が i 、補正値（カテゴリー）番号が j の数値 S_{ij} は、

$$S_{ij} = (U_{ij} - \check{U}_j) / SD_j$$

の式から計算する。ここで、$\check{U}_j$ は補正値（カテゴリー）番号 j の平均値、SD_j は補正値（カテゴリー）番号 j の標準偏差、X_{ij} は筆跡番号 i 、補正値（カテゴリー）番号 j の読取った数値を示す。

　補正値（カテゴリー）番号 j の標準偏差（SD_j）は

$$SD_j = 《\{\Sigma (U_{ij} - \check{U}_j)^2 / n\}》^{1/2}$$

の式で計算する。この式で各補正値（カテゴリー）の標準偏差（SD_j）を計算し、ついで各補正値（カテゴリー）のオートスケーリング（S_{ij}）値を計算する。これらの式で補正値からオートスケーリング値を計算すると、表3に示したようになる。

表3　補正値をオートスケーリングした数値

		補正値					オートスケーリング値		
番号	記号	カテゴリー番号				記号	カテゴリー番号		
		1	2	3	4		1	2	3	4
1	S	−0.311	0.294	0.000	−1.164	S	1.040	0.389	0.035	−1.260
2	R1	−0.442	0.248	−0.062	−0.750	R1	−0.354	−0.286	−0.422	0.891
3	R2	−0.330	0.272	0.078	−1.102	R2	0.837	0.064	0.607	−0.940
4	R3	−0.533	0.367	−0.056	−0.714	R3	−1.318	1.446	−0.375	1.076
5	R4	−0.342	0.155	0.205	−0.798	R4	0.715	−1.634	1.544	0.642
6	R5	−0.496	0.269	−0.193	−1.000	R5	−0.920	0.021	−1.389	−0.409

S：筆者識別目的筆跡；R：対照筆跡
実際のカテゴリー数は50以上

第四節　分散スケーリング

　筆跡の各補正値〔カテゴリー〕(U_{ij})を、各補正値（カテゴリー）の標準偏差値で除した数値で表す。

1　分散スケーリングの利点と欠点

　数値が圧縮され桁数の差は小さくなるが、読取った数値の桁数の大きな特定の補正値（カテゴリー）に重点がおかれた状態で計算される可能性が高い。

2　分散スケーリングの計算方法

　分散スケーリングで補正した資料番号が i 、補正値（カテゴリー）番号が j の数値 S_{ij} は、

$$S_{ij} = U_{ij}／SD_j$$

の式から計算する。

　ここで、SD_j は補正値（カテゴリー）番号 j の標準偏差、U_{ij} は筆跡番号 i 、補正値（カテゴリー）番号 j の読取った数値を示す。標準偏差（SD_j）の計算方法はオートスケーリング法のところで説明した。　この式から分散スケーリングを計算すると、表4に示したようになる。

表4　補正値を分散スケーリングした数値

番号	記号	補正値 カテゴリー番号 1	2	3	4	記号	分散スケーリング値 カテゴリー番号 1	2	3	4
1	S	-0.311	0.294	0.000	-1.164	S	-3.296	4.286	0.000	-6.049
2	R1	-0.442	0.248	-0.062	-0.750	R1	-4.690	3.611	-0.456	-3.899
3	R2	-0.330	0.272	0.078	-1.102	R2	-3.499	3.961	0.572	-5.729
4	R3	-0.533	0.367	-0.056	-0.714	R3	-5.653	5.343	-0.409	-3.713
5	R4	-0.342	0.155	0.205	-0.798	R4	-3.621	2.263	1.509	-4.148
6	R5	-0.496	0.269	-0.193	-1.000	R5	-5.256	3.919	-1.423	-5.198

S:筆者識別目的筆跡;R:対照筆跡
実際のカテゴリー数は50以上

第五節　偏差値スケーリング

　筆跡の各補正値（カテゴリー）（U_{ij}）から平均値（$\bar{U}_j$）を引き去り、標準偏差値で除した数値を 10 倍し、50 を加えた数値で表す。

1　偏差値スケーリングの利点と欠点

（1）各補正値（カテゴリー）内の変動幅をある程度維持しながら、すべての各補正値（カテゴリー）」内の数値が 2 桁になる。

（2）オートスケーリングよりも多少変動幅があるが、オートスケーリングと類似した補正法といえる。

2　偏差値スケーリングの計算方法

　偏差値スケーリングで補正した筆跡番号が i 、補正値（カテゴリー）番号が j の数値（S_{ij}）は、

$$S_{ij} = \{(U_{ij} - \bar{U}_j) / SD_j\} \times 10 + 50$$

の式から計算する。ここで、$\bar{U}_j$ は補正値（カテゴリー）番号 j の平均値、SD_j は補正値（カテゴリー）番号 j の標準偏差、U_{ij} は筆跡番号 i 、補正値（カテゴリー）番号 j の補正値を示す。

この式から偏差値スケーリング値を計算すると、計算結果は表 5 に示したようになる。

表5　補正値を偏差値スケーリングした数値

番号	記号	補正値 カテゴリー番号 1	2	3	4	記号	偏差値スケーリング値 カテゴリー番号 1	2	3	4
1	S	−0.311	0.294	0.000	−1.164	S	60.400	53.888	50.345	37.403
2	R1	−0.442	0.248	−0.062	−0.750	R1	46.456	47.137	45.783	58.905
3	R2	−0.330	0.272	0.078	−1.102	R2	58.368	50.643	56.065	40.605
4	R3	−0.533	0.367	−0.056	−0.714	R3	36.825	64.461	46.254	60.762
5	R4	−0.342	0.155	0.205	−0.798	R4	57.147	33.656	65.440	56.417
6	R5	−0.496	0.269	−0.193	−1.000	R5	40.804	50.215	36.112	45.909

S：筆者識別目的筆跡；R：対照筆跡
実際のカテゴリー数は50以上

第四章　筆者識別に用いられる多変量解析法

　筆者識別に用いられる多変量解析法としては、判別分析、相関分析、共分散分析、クラスター分析、主成分分析、KNN 分析、SIMCA 分析、因子分析、回帰分析等がある。このうち、因子分析は主成分分析と内容的には大きな違いはない。

（1）KNN 分析は最初に筆者が明らかな複数の筆跡を幾つかの共通グループ（クラスター）に分類しておき、その共通グループ内の筆跡と、筆者を特定する筆者識別目的筆跡間のユークリッド距離を計算して、筆者識別目的筆跡がどのグループに帰属するかを決める方法で、筆跡間のユークリッド距離を計算して分析するということから考えれば、クラスター分析と基本的には違いがない。

（2）判別分析や SIMCA 分析も筆跡をあらかじめ 2 つのグループに指定しなければならないことから、筆者識別目的筆跡と対照筆跡が同一筆者によって記載されている筆者識別のみの場合は使いづらい。

（3）筆跡間の類似性の比較を目的としている筆者識別（筆跡鑑定）では、これらの統計的処理法のうち相関分析、共分散分析、クラスター分析、主成分分析、回帰分析が最も適している。

（4）筆者識別者の思い込みと一致するような特定の統計的処理法のみを使用することを避けるために、全ての筆跡に対して、相関分析、共分散分析、クラスター分析、主成分分析、回帰分析のすべてを使用して、筆者識別（筆跡鑑定）をおこなう必要がある。

（5）クラスター分析、主成分分析では、特定の補正値（カテゴリー）のみを重点的に使用しないように、補正値をスケーリング（本書ではオートスケーリング）して使用する。

（6）各補正値（カテゴリー）が独立した状態で使用される相関分析、共分散分析、回帰分析では、スケーリング処理をしないで補正値をそのまま使用している。

（7）クラスター分析と主成分分析は、最も類似性の低い筆者識別対象筆跡間を最大値として表示するので、類似している筆者識別対象筆跡間の筆者識別結果は拡大され、類似性の低い筆者識別対象筆跡間の筆者識別結果は縮小されてくるので注意する必要がある。

　これらの方法がどのような手法であるかをあらかじめ理解しておくことが、筆者識別結果を正しく判断するために必要不可欠なことなので、各分析方法について説明する。判別分析、KNN 分析、SIMCA 分析がなぜ筆者識別にやや不向きであるかを理解するために、これらの方法についても説明する。

　統計的処理法では、クラスター分析と主成分分析は筆者識別対象筆跡が 3 筆跡以上ないと、筆者識別を実施することができない。

第一節　相関分析

1　相関分析の計算方法

相関分析は、次の公式に従って相関係数(R)を計算する。

$$R = \frac{\sum(y_i - \bar{y})(Y_i - \bar{Y})}{\{\sum(y_i - \bar{y})^2 \sum(Y_i - \bar{Y})^2\}^{1/2}}$$

但し、y、Y：相関を計算する2個の筆者識別対象筆跡（行）

i：2個の筆者識別対象筆跡の補正値数；i =1,2,3,…, n（列）

この公式から、

（1）相関係数は、複数の筆者識別対象筆跡中から2個の資料を組み合わせて計算する。従って、10個の筆者識別対象筆跡間ならば、の計算は、$_{10}C_2 = 45$ と同一の筆者識別対象筆跡間の10の合計55回、上の公式を用いて計算する。

（2）2個の筆者識別対象筆跡間の相関係数を計算しているから、計算時は常に2個の筆者識別対象筆跡を使用している。

（3）2個の筆者識別対象筆跡の補正値数(n)は同数で補正値数(n)は3個以上必要とする。

（ア）n =1だと、y、Yの平均値はy、Yと同じになるから、分子分母がゼロ(0)になり計算できない。

（イ）n =2だと、2点間の直線の相関係数だから、常に相関係数は1。00000になる。

公式の内容を理解するということは、公式に数値を代入することなく、公式が意味していることを完全に理解することである。

2　筆者識別における相関分析

相関分析は、筆者識別目的筆跡と対照筆跡間が同一筆者によって記載されたものか否かや、対照筆跡間の個人内変動を調べる方法として用いている。この方法は、

（1）すべての筆者識別対象筆跡を2個ごとに組合せて使用するので、筆者識別方法は、最終的にすべての筆者識別対象筆跡を使用するクラスター分析や主成分分析と類似している。

（2）しかし、クラスター分析や主成分分析と異なり、類似している筆者識別対象筆跡間の筆者識別結果が拡大されたり、類似性の低い筆者識別対象筆跡間の筆者識別結果は縮小されたりすることはない。

（3）値が小さな補正値（カテゴリー）は、値が大きな補正値（カテゴリー）と比較して、相関分析に寄与する割合が低い。

（4）筆者識別目的筆跡と各対照筆跡間の相関係数値から、筆者識別目的筆跡が対照筆跡と同一筆者によって記載されたか否かが明らかとなる。

（5）対照筆跡間の相関係数値から、複数の対照筆跡の個人内変動幅（分散、バラツキ）が明らかとなり、対照筆跡の選択判断の参考となる。

（6）相関分析による筆者識別方法は、補正値をそのまま用いて（スケーリング処理をしない）相関分析をおこなう。

1．相関係数と筆者識別結果の関係

筆者識別対象筆跡間の相関係数と筆者識別結果の関係を表1に示す。

表1　筆者識別対象筆跡間の相関係数（CC）と筆者識別結果の関係

相関係数（CC）	筆者識別結果
CC≧0.97000	同一筆者
0.97000＞CC≧0.95000	同一筆者の可能性高
0.95000＞CC≧0.93000	同一筆者の可能性
0.93000＞CC≧0.92000	異なった筆者の可能性
0..92000＞CC≧0.90000	異なった筆者の可能性高
0.90000＞CC	異なった筆者

2．筆者識別目的筆跡と対照筆跡間の筆者識別

筆者識別目的筆跡と対照筆跡間が同一筆者によって記載されたものか否かを相関係数から判断した結果を表2に示す。

表2　相関係数から判断した結果

筆者識別目的筆跡と対照筆跡は同一筆者

	S1	R11	R12	R13	R14	R15
S1	1.00000	0.96461	0.95606	0.96159	0.95740	0.94755

筆者識別目的筆跡と対照筆跡は同一筆者の可能性

	S2	R21	R22	R23	R24	R25
S2	1.00000	0.92838	0.93497	0.94429	0.92267	0.93846

筆者識別目的筆跡と対照筆跡は異なった筆者

	S3	R31	R32	R33	R34	R35
S3	1.00000	0.82757	0.80480	0.84401	0.80218	0.80909

（1）対照筆跡は同一筆者によって記載されたことが明らかなので、筆者識別目的筆跡と対照筆跡間の相関係数が1個でも同一筆者と判断されれば、筆者識別目的筆跡と対照筆跡は同一筆者によって記載されたものとする。

（2）表2の筆者識別目的筆跡と対照筆跡について、同一筆者の可能性と判断されたS2の場合は、対照筆跡間の個人内変動（分散、バラツキ）が大きいことを示す。

（3）表2の筆者識別目的筆跡(S2)は、個人内変動（分散、バラツキ）が大きい対照筆跡グループの中に含まれていることから、筆者識別結果は同一筆者によって記載された可能性があるものと判断される。

このことから、対照筆跡の個人内変動幅は極めて重要で、対照筆跡を選択するときは個人内変動幅に注意しなければならない。記載時期が大きく離れた筆跡を対照筆跡

として用いると、個人内変動幅が大きくなる場合がある。当然、同時期に記載しても個人内変動幅の大きな筆者もいる。

対照筆跡の個人内変動幅の確認も相関分析から確認できる。

３．対照筆跡間の個人内変動幅の確認

対照筆跡の個人内変動幅を相関分析で確認した方法を表３に示す。

表３　対照筆跡の個人内変動幅の相関分析による確認方法

個人内変動幅小

	R11	R12	R13	R14	R15
R11	1.00000				
R12	0.96560	1.00000			
R13	0.93995	0.96066	1.00000		
R14	0.95449	0.96556	0.97438	1.00000	
R15	0.95784	0.96504	0.97081	0.96383	1.00000

個人内変動幅大

	R21	R22	R23	R24	R25
R21	1.00000				
R22	0.91002	1.00000			
R23	0.87577	0.95006	1.00000		
R24	0.91241	0.92699	0.93390	1.00000	
R25	0.92950	0.94161	0.93057	0.96803	1.00000

（１）個人内変動幅が大きい対照筆跡である R21 は、他の対照筆跡と比較してやや離れている。

（２）R21 を除外して筆者識別をおこなうことは、何らかの作為が働く可能性がある。

（３）通常は、対照筆跡は原告・被告双方の了解のもとに提出されているので、第三者が納得できる正当な理由がない限り除外しない。

（４）通常、報告書（鑑定書）には、提出されたすべての対照筆跡グループと、R21 を除外した対照筆跡グループを用いて筆者識別をおこない、R21 を除外した筆者識別結果を考察か参考事項欄に記載する。

第二節　共分散分析

1　共分散分析の計算方法

　共分散分析は、次の公式を用いて計算する。本書では、共分散係数値は全て絶対値で示す。

$$\frac{\sum(y_i - \overline{y})(Y_i - \overline{Y})}{n}$$

　　　　但し、y，Y：共分散を計算する 2 個の筆者識別対象筆跡（行）

　　　　　　　　i：2 個の筆者識別対象筆跡の補正値数；i = 1,2,3,…, n（列）

　相関分析と同様、10 個の筆者識別対象筆跡なら 55 回計算することになる。

（1）　2 個の筆者識別対象筆跡間の共分散を計算している。

（2）　2 個の筆者識別対象筆跡の補正値数(n)は同数で 2 個以上が必要である。

　　　n = 1 だと、y、Y の平均値は y、Y と同じになるから、分子がゼロ(0)になり計算できない。

（3）　2 個の筆者識別対象筆跡間の列（補正値、カテゴリー）の数値が大きく異なると、各列（カテゴリー）について、それぞれの補正値から補正値の平均値を差引いた数値の積 {(y − y)(Y − Y) は大きくなるので、当然共分散係数値も大きくなり、客観的な比較が不可能となる。

2　筆者識別における共分散分析

　2 筆跡間の筆者識別対象筆跡筆跡間の補正値の差の大きさを総合的に判断する方法である。

（1）　同一筆跡の共分散係数値と比較して、一方の筆跡の補正値が他方の筆跡のより常に大きいと共分析係数値は大きくなり、常に小さいと共分散分析の係数値は小さくなる。

（2）　同一筆者によって記載された各対照筆跡の補正値は、筆者識別目的筆跡と極めて近似した数値が混在している。その結果、共分散分析の係数値は 0.10000〜0.20000 の範囲になる。

（3）　異なった筆者によって記載された各対照筆跡筆跡の補正値は、筆者識別目的筆跡と比較して絶対値差がやや大きくなる。その結果、共分散分析の係数値は 0.20000より大きくなる傾向がある。

（4）　筆者識別は、筆者識別目的筆跡と対照筆跡が同一筆者によって記載されたものであるか否かを、あらかじめ設定された閾値から判断する。

（ア）　筆者識別目的筆跡の補正値の平均値と各補正値との差が、対照筆跡の筆跡の補正値の平均値と各補正値との差よりも大きければ、共分散係数値は負の値となる。

（イ）　逆に、筆者識別目的筆跡の補正値の平均値と各補正値との差が、対照筆跡の筆跡の補正値の平均値と各補正値との差よりも小さければ、共分散係数値は正の値と

なる。

（ウ）いずれの場合も、筆者識別目的筆跡と対照筆跡は異なった筆者によって記載されているので、共分散係数値は絶対値差で示す。

１．共分散係数と筆者識別結果の関係

筆者識別対象筆跡間の共分散係数絶対値差と筆者識別結果の関係を表4に示す。

表4　筆者識別対象筆跡間の共分散係数絶対値差（CCA）と筆者識別結果

共分散絶対値差（CCA）	筆者識別結果
CCA≦0.00100	同一筆者
0.00100＜CCA≦0.00250	同一筆者の可能性高
0.00250＜CCA≦0.00500	同一筆者の可能性
0.00500＜CCA≦0.00750	異なった筆者の可能性
0.00750＜CCA≦0.01000	異なった筆者の可能性高
0.01000＜CCA	異なった筆者

２．筆者識別目的筆跡と対照筆跡間の筆者識別

筆者識別目的筆跡と対照筆跡間が同一筆者によって記載されたものか否かを共分散係数絶対値差から判断した結果を表5に示す。

表5　筆者識別目的筆跡と対照筆跡間の筆者識別

筆者識別目的筆跡と対照筆跡は同一筆者

	S4	R41	R42	R43	R44	R45
S4	0.00000	0.00063	0.00105	0.00095	0.00100	0.00027

筆者識別目的筆跡と対照筆跡は同一筆者の可能性

	S4	R41	R42	R43	R44	R45
S5	0.00000	0.00652	0.00311	0.00254	0.00446	0.00316

筆者識別目的筆跡と対照筆跡は異なった筆者

	S4	R41	R42	R43	R44	R45
S6	0.00000	0.04035	0.03710	0.02777	0.01772	0.24620

（１）対照筆跡は同一筆者によって記載されたことが明らかなので、筆者識別目的筆跡と対照筆跡間の共分散係数絶対値差が1個でも同一筆者と判断されれば、筆者識別目的筆跡と対照筆跡は同一筆者によって記載されたものと判断する。

（２）表5の筆者識別目的筆跡と対照筆跡は同一筆者の可能性と判断されたS5の場合は、対照筆跡間の個人内変動（分散、バラツキ）が大きいことを示す。

（３）表5の筆者識別目的筆跡(S5)は個人内変動（分散、バラツキ）が大きい対照筆跡グループの中に含まれていることから、筆者識別結果は同一筆者によって記載された可能性があると判断する。

（４）共分散係数絶対値差を用いた筆者識別は、補正値数（カテゴリー数、ｎ）の多

少が結果に影響するので、相関分析から得られた相関係数と比較して、筆者識別結果の信頼性はやや低い。

３．対照筆跡間の個人内変動幅の確認

対照筆跡の個人内変動幅を共分散係数絶対値差で確認した方法を表6に示す。共分散係数絶対値差は、相関分析の相関係数値から個人内変動幅が小さいと判断された対照資料間でも、0.00500以上になる場合がある。

表6　対照筆跡の個人内変動幅の共分散係数絶対値による確認方法

個人内変動幅小

	R41	R42	R43	R44	R45
S4					
R41	0.00000				
R42	0.00413	0.00000			
R43	0.00402	0.00468	0.00000		
R44	0.00358	0.00202	0.00318	0.00000	
R45	0.00400	0.00080	0.00447	0.00213	0.00000

個人内変動幅大

	R51	R52	R53	R54	R55
S5					
R51	0.00000				
R52	0.00430	0.00000			
R53	0.00318	0.00482	0.00000		
R54	0.00995	0.00446	0.00151	0.00000	
R55	0.00045	0.00299	0.00318	0.01066	0.00000

すでに説明したが、共分散分析の共分散係数絶対値差は、相関分析の相関係数と比較して、筆者識別結果の信頼性はやや低いので、筆者識別及び筆者識別対象筆跡の個人内変動を確認するための参考として使用する。

第三節　クラスター分析

　１筆跡中の筆者識別対象筆跡中の補正値が２個なら、クラスター分析を行わなくて
も、二次元座標（**x**、　**y** 軸）で表示できるので、目視で筆者識別目的筆跡が対照筆跡
群に帰属しているか否かが容易に判断できる。

　また、１筆跡中の筆者識別対象筆跡中の補正値が３個なら、クラスター分析を行わ
なくても、三次元座標（**x**、　**y**、**z**）で表示できるが、目視では奥行き（**z**軸）が分かり
難く、慣れないと筆者識別目的筆跡がが対照筆跡群に帰属しているか否かの判断は容
易ではない。

　１筆跡の筆者識別対象筆跡中の補正値が４個以上では、図示することは不可能で、
目視で判断することができない。そのため、何らかの方法で理解しやすい二次元座標
上に表示できるように工夫する必要があり、工夫した方法の１つとしてとしてクラス
ター分析がある。

　クラスター分析は、原点に近い測定点から得られたゼロ(0)に近い補正値と、原点か
ら離れた測定点補正値（カテゴリー）から得られた 1.00000 に近い補正値は、筆者識
別に対して、同じ重み（寄与）を持っているので、**補正値（カテゴリー）ごとにスケ
ーリング（本書ではオートスケーリング）処理した数値を使用**する。

１　クラスター分析の計算方法

　クラスター分析は、複数の筆者識別対象筆跡について、互いのユークリッド距離を
測定し、最も近くに分布している筆者識別対象筆跡間を、決められた方法に従って順
次結合していく。ついで、結合順に樹形図（デンドログラム）として図示する。

　ユークリッド距離の計算は、

$$d = \{\Sigma(y_i - Yi)^2\}^{1/2}$$

　　　但し、y，Y：ユークリッドを計算する２個の筆者識別対象筆跡

　　　　　　i：２個の筆者識別対象筆跡の補正値数；i =1,2,3,…, n

　クラスター分析は,

（１）複数の筆者識別対象筆跡をグループ分け（クラスター化）する。

（２）対照筆跡が２名以上の筆者で記載されていた場合、筆者識別目的筆跡がどの筆
　　　者のグループ（クラスター）に帰属しているかを判断する。

（３）筆者識別目的筆跡がどの筆者のグループ（クラスター）にも帰属していない場
　　　合は、独立したグループ（クラスター）を形成する。

（４）筆者識別対象筆跡のグループ（クラスター）化を視覚で容易に判断できるよう
　　　に、二次元座標上に表示する。

（５）二次元座標上に表示する方法として、各試料間のユークリッド距離を計算し、
　　　ユークリッド距離の短い順に結合した樹形図（デンドログラム）で表示する。

２　筆者識別におけるクラスター分析

クラスター分析は、ｎ次元の空間内｛ｎ個の補正値（カテゴリー）｝にある筆者識別目的筆跡と対照筆跡を含めたすべての筆跡間において、最もユークリッド距離の短いもの（近くにあるもの）から順に結合しグループ（クラスター）を形成させ、デンドログラムとして表示していく方法である。

（１）計算時において筆者識別目的筆跡と対照筆跡の区別はない。

（２）クラスター分析から、対照筆跡の分散の程度と、筆者識別目的筆跡がどの程度対照筆跡と類似しているかも明らかとなる。

３　クラスター形成方法

　クラスター形成方法には、最短距離法、最長距離法、メジアン法、重心法、群平均法、ウォード法、可変法等があるが、いずれの方法を用いても類似した筆者識別結果が得られる。ただ、筆者識別に用いた各筆跡（或いはクラスター）間のユークリッド距離は、使用した方法によって異なってくる。

１．最短距離法

　常に最もユークリッド距離の短い筆者識別対象筆跡間を結合していく方法で、グループ（クラスター）内の各筆跡から単独で存在する別の筆跡やクラスターを形成しているクラスター内の各筆跡との間の距離を計算し、最も短い位置にある筆跡（或いは筆跡のクラスター）から順次結合していく。５筆跡の場合の結合方法を図１に示す。

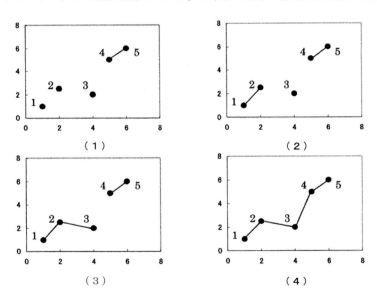

図１　最短距離法によるクラスター形成方法

（１）まず最短距離の４と５を結合しクラスターを形成する。

（２）ついで、その次に短い距離の１と２を結合しクラスターを形成する。

（3）さらに、1と2のクラスターと最短距離を示す3を2と結合する。

（4）最後に1、2、3のクラスターと4、5のクラスター間の最短距離を示す3と4を結合する。

２．最長距離法

最短距離法の逆で、すべての筆跡間で最も遠い筆跡間の距離を計算して結合から排除していき、最後に残った筆跡と結合させる。筆跡と他のグループ（クラスター）との結合は、筆跡と各グループ（クラスター）内の最も遠い筆跡間の距離を測定し、最も距離が短いグループ（クラスター）と形成させる方法である。この方法はあまり使用されていない。各筆跡やクラスターの結合方法を図2に示す。

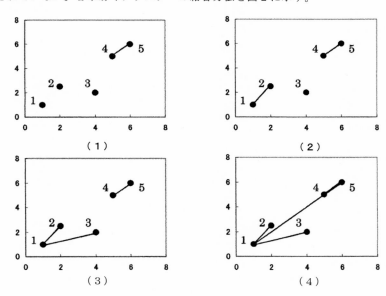

図2　最長距離法によるクラスター形成方法

（1）まず最短距離の4と5を結合しクラスターを形成する。

（2）ついで、その次に短い距離の1と2を結合しクラスターを形成する。

（3）さらに、1と2のクラスターと最短距離を示す3を2より距離の長い1と結合する。

（4）最後に1、2、3のクラスターと4、5のクラスター間の最短距離を、最長距離を示す1と5で結合する。

３．メジアン法

あるグループ（クラスター）と別のグループ（クラスター）が併合してできた新しいグループ（クラスター）と、それ以外のクラスター間の距離を、それ以外のグループ（クラスター）の重心から併合する前の各クラスターの重心間を結び、その中央の

点（メジアン）までの距離を計算して最も短いものから結合する。5筆跡からグループ（クラスター）を形成させていく過程を図3に示す。

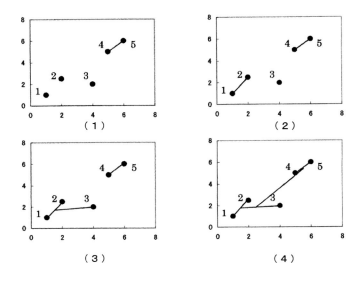

図3　メジアン法によるクラスター形成方法

（1）まず最短距離の4と5を結合しクラスターを形成する。
（2）ついで、その次に短い距離の1と2を結合しクラスターを形成する。
（3）さらに、4、5と1、2の各クラスターの中点と3との距離の中点を計算し3を距離の短い1、2のクラスターと結合する。
（4）最後に1、2、3のクラスターの重心と4、5のクラスターの重心間を結合する。

4．群平均法

表7　各筆跡の補正値

資料（筆跡）	カテゴリー番号				
番号	1	2	3	4	5
1－1	0.125	0.526	0.353	0.011	0.252
1－2	0.255	0.498	0.345	0.021	0.238
1－3	0.112	0.503	0.397	0.026	0.300
2－1	0.354	0.555	0.506	0.022	0.259
2－2	0.386	0.565	0.478	0.017	0.278
2－3	0.396	0.579	0.513	0.015	0.296
3－1	0.537	0.539	0.487	0.012	0.356
3－2	0.582	0.520	0.485	0.015	0.367

グループ（クラスター）間の距離を計算するとき、あるグループ（クラスター）内に含まれるすべての筆跡と別のグループ（クラスター）内に含まれるすべての筆跡間の距離の平均値を求め、最小値を示したグループ（クラスター）間を併合する。例えば、表7に示したように、グループ内に2個か3個の筆跡をもつような3筆跡グループ（クラスター）間のユークリッド距離は、28個の筆跡間のユークリッド距離を計算することになる。計算した筆跡間のユークリッド距離を表8に示す。

表8　各筆跡間のユークリッド距離

資料(筆跡) 番号	Y 距離	資料(筆跡) 番号	Y 距離	資料(筆跡) 番号	Y 距離	資料(筆跡) 番号	Y 距離
(1-1)-(1-2)	0.134	(1-1)-(1-3)	0.072	(1-2)-(1-3)	0.164	(1-1)-(2-1)	0.277
(1-1)-(2-2)	0.293	(1-1)-(2-3)	0.327	(1-2)-(2-1)	0.200	(1-2)-(2-2)	0.293
(1-1)-(2-3)	0.327	(1-3)-(2-1)	0.274	(1-3)-(2-2)	0.293	(1-3)-(2-3)	0.320
(1-1)-(3-1)	0.445	(1-1)-(3-2)	0.482	(1-2)-(3-1)	0.326	(1-2)-(3-2)	0.355
(1-3)-(3-1)	0.440	(1-3)-(3-2)	0.479	(2-1)-(2-2)	0.048	(2-1)-(2-3)	0.094
(2-2)-(2-3)	0.043	(2-1)-(3-1)	0.209	(2-1)-(3-2)	0.260	(2-2)-(3-1)	0.172
(2-2)-(3-2)	0.221	(2-3)-(3-1)	0.162	(2-3)-(3-2)	0.218	(3-1)-(3-2)	0.050

Y：ユークリッド距離

この方法による各グループ（クラスター）間の距離は、

（1）グループ（クラスター）1とグループ（クラスター）2の間は、1-1と2-1、1-1と2-2、1-1と2-3、1-2と2-1、1-2と2-2、1-2と2-3、1-3と2-1、1-3と2-2、1-3と2-3の9筆跡間のユークリッド距離の平均値で0.269となる。

（2）グループ（クラスター）1と3の間は1-1と3-1、1-1と3-2、1-2と3-1、1-2と3-2、1-3と3-1、1-3と3-2の6筆跡間の距離の平均値で0.421となる。

（3）グループ（クラスター）2とグループ（クラスター）3の間は、2-1と3-1、2-1と3-2、2-2と3-1、2-2と3-2、2-3と3-1、2-3と3-2の6筆跡間の距離の平均値で0.207となる。

この結果から、

（4）グループ（クラスター）2とグループ（クラスター）3の間の距離が0.207と最も短い。

（5）従って、グループ（クラスター）2とグループ（クラスター）3が併合され1つのグループ（クラスター）を形成する。

５．重心法

　2つのグループ（クラスター）を併合するとき、各グループ（クラスター）の重心をそのグループ（クラスター）の代表点とし、その重心間の距離でグループ（クラスター）間の距離を計算し、最短距離を示した筆跡やグループ（クラスター）と併合させる。

　クラスター形成方法は、図4に示したようにメジアン法と異なり、併合した時点で1つのグループ（クラスター）として扱い、その重心を求め他の筆跡やグループ（ク

45

ラスター）間とのユークリッド距離の計算の起点とする。

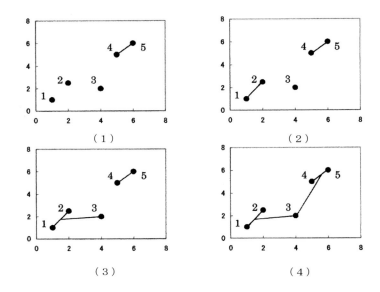

図4　重心法によるクラスター形成方法

（1）まず最短距離の4と5を結合しクラスターを形成する。
（2）ついで、その次に短い距離の1と2を結合しクラスターを形成する。
（3）さらに、4、5と1、2の各クラスターの中点（重心）と3との距離を計算し、
　　3を距離の短い1、2のクラスターと結合する。
（4）最後に1、2、3のクラスターの重心と4、5のクラスターの重心間を結合す
　　る。

6．ウォード法

　グループ（クラスター）に1個の筆跡を加えたとき、もとのグループ（クラスター）
の重心と別の筆跡を1個加え新たに形成されたグループ（クラスター）の重心間の距
離が最小になるように併合させる。

　複数の筆跡をもつグループ（クラスター）どうしを併合するときは、もとのグルー
プ（クラスター）の重心と、そのグループ（クラスター）に別のグループ（クラスタ
ー）を併合させたときの、重心間の移動距離が最小になるようなグループ（クラスタ
ー）を併合させる。

　従って、計算ではあるグループ（クラスター）に、グループ（クラスター）を形成
していない筆跡や別のグループ（クラスター）を加え、重心の移動距離を求め、その
値が最小となる組み合わせのものを併合させる。

7．モード法

全ての筆跡をいくつかに分割し、分割した単位領域中に筆跡数が最も多い領域を最大密度とし，ある密度以上の領域を密度の濃い領域と考えてここを中心にグループ（クラスター）を形成させていく方法である。n個のカテゴリーをもつn次元の空間に定められた点（筆跡の位置）から、第 1 近接点、第 2 近接点、・・、第 k 近接点までの表をつくり、任意にkを決めてそれを単位領域とし、そこからの距離が最小のものを選択する。この方法はあまり使用されていない。

８．可変法

hグループ（クラスター）とkグループ（クラスター）を併合させてできたpグループ（クラスター）と、sグループ（クラスター）との距離dを、

$$d_{ps}^2 = \alpha d_{sh}^2 + \alpha d_{sk}^2 + \beta d_{hk}^2 \quad \text{但し、} \beta < 1$$

とする。βの値によって併合後の空間密度が制御できる。βの値が 1 に近づくほどpグループ（クラスター）とsグループ（クラスター）の距離が短くなる。βの値が負になれば空間は広がる。この方法もあまり使用されていない。

以上説明したように、複数の筆跡から形成されているグループ（クラスター）のどの位置から他の筆跡やグループ（クラスター）との距離を計算するかによって8通りの方法があるが、いずれの方法でも同じ結果が得られなくてはならない。もし部分的にでも、結果が異なってくるようであれば、一般的にその異なってくるような部分は違いのある部分といえる。

４　クラスター分析による筆者識別の判断基準

１．閾値の設定方法

どの方法を使用しても、筆跡識別対象筆跡のデンドログラムのグループ（クラスター）を形成する筆跡の組合せは比較的類似してくる。

（１）しかし、筆跡｛或いはグループ（クラスター）｝間を結合させる手法（最短距離法、最長距離法、メジアン法、重心法、群平均法、ウォード法、可変法）が異なると、筆跡｛或いはグループ（クラスター）｝間のユークリッド距離は異なってくる。

（２）従って、あらかじめ同一筆者によって記載されたことが明らかな筆跡や異なった筆者によって記載されたことが明らかな筆跡グループを用いて、

（ア）使用した手法別に、500〜1000 程度の同一筆者によって記載された筆跡グループや異なった筆者によって記載された筆跡グループを用いてクラスター分析をおこなう。

（イ）その結果から、筆者識別（筆跡鑑定）のための閾値を決めておく必要がある。

２．デンドログラムによる筆者識別の閾値

約 30,000 筆跡を用いて重心法でクラスター分析をおこない、得られた筆者識別のための基準値（閾値）を表9に示す。

類似度の数値は図5の横軸の数値のことで、最も右側の位置で2つのクラスターに分離している数値｛分離している筆跡間のユークリッド距離を、筆者識別対象筆跡間で最も類似度の低い筆跡間のユークリッド距離で除し 1.000 から差引いた数値（類似度の数値）｝のことある。

（１）筆者識別対象筆跡間で最も離れたユークリッド距離を、類似度の数値ゼロ(0)

として表示する。

（２）ユークリッド距離がゼロ(0)（同一資料間のユークリッド距離）を、類似度の数
値１として表示した場合の筆者識別の基準値（閾値）を表９に示す。

（３）表９の閾値は、筆者識別目的筆跡が対照筆跡群のグループ外で結合している場
合に適用する。

（４）筆者識別目的筆跡が対照筆跡内で結合している場合は、同一筆者によって記載
されたものと判断する。

（ア）この場合、デンドログラムの形状は、図５の同一筆者の場合のように、対照筆
跡グループが２つのグループ(R1, R2, R4 と R3, R5)に分離して状態で示される。

（イ）対照筆跡グループの個人内変動が小さければ２つのグループ間の類似度は
0.100 未満を示すが、対照筆跡グループの個人内変動が大きいと２つのグループ間
の類似度が 0.150 以上となる場合がある。

表９　重心法を用いた筆者識別（筆跡鑑定）のための類似度（ＤＳ）の閾値

横軸の類似度の数値（ＤＳ）	筆者識別結果
DS≦0.100	同一筆者
0.100＜DS≦0.110	同一筆者の可能性高
0.110＜DS≦0.125	同一筆者の可能性
0.125＜DS≦0.140	異なった筆者の可能性
0.14＜DS≦0.150	異なった筆者の可能性高
0.150＜DS	異なった筆者

筆者識別目的筆跡が対照筆跡グループ内で結合：同一筆者

筆者識別目的筆跡が１筆跡の場合の対照筆跡グループに対して、同一筆者と判断、
明確に同一筆者か異なった筆者かが判断不可能、異なった筆者と判断できるクラスタ
ー分析結果を図５に示す。

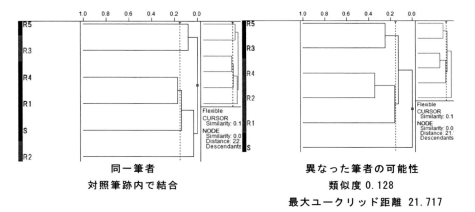

同一筆者
対照筆跡内で結合

異なった筆者の可能性
類似度 0.128
最大ユークリッド距離 21.717

48

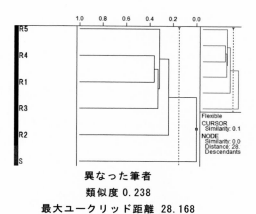

異なった筆者
類似度 0.238
最大ユークリッド距離 28.168

図5 クラスター分析から得られたデンドログラムの形状
S：筆者識別目的筆跡； R1〜R5：対照筆跡

　筆者識別目的筆跡が複数の場合は、デンドログラムの形状から筆者識別をおこなう
場合はやや注意が必要となる。筆者識別目的筆跡が2筆跡の場合のクラスター分析結
果を図6に示す。

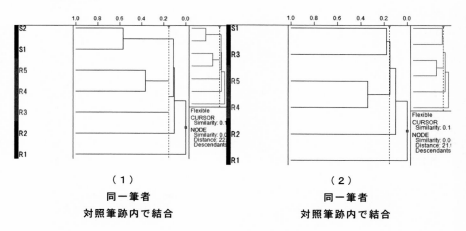

（1）　　　　　　　　　　　　　　（2）
同一筆者　　　　　　　　　　　　同一筆者
対照筆跡内で結合　　　　　　　　対照筆跡内で結合

図6 クラスター分析から得られたデンドログラムの形状
S1，S2：筆者識別目的筆跡； R1〜R5：対照筆跡

　デンドログラムの形状から、（1）はS1，S2が対照筆跡グループから分離している
ように見える。しかし、
（1）S1とS2が同一資料中に記載されていると、一般的に個人内変動が極めて小さ

49

くなるので、このようなデンドログラムが得られる。

（２）極めて類似している S1, S2 のいずれかを除去してクラスター分析をおこなうと、
（２）のようなデンドログラムが得れれ、同一筆者によって記載されてことが明確
となる。

（３）対照筆跡の個人内変動が極めて大きいと、筆者識別目的筆跡と対照筆跡が異な
った筆者によって記載されていても、（２）のようなデンドログラムが得られ、筆者
識別目的筆跡は対照筆跡と同一筆者によって記載されたものと判断される。

（ア）この場合は、筆者識別目的筆跡は対照筆跡グループが筆者識別には不適当であ
る。

（イ）従って、筆者識別依頼者に、対照筆跡グループの再選択を依頼する必要がある。

（ウ）対照筆跡が複数の筆者によって記載されていた場合も、（１）に示したようなデ
ンドログラムが得られる場合があるので、筆者識別目的筆跡と対照筆跡間の筆者識
別を始める前に、対照筆跡が同一筆者によって記載されたものか否かを、筆者識別
依頼者に確認する。

（エ）筆者識別依頼者から、対照筆跡は全て同一筆者が記載した筆跡との回答が得ら
れれば、そのまま筆者識別をおこない、参考事項に対照筆跡の個人内反動が極めて
大きいので、筆者識別結果の信頼性は低い旨記載する。

３．類似度を筆者識別対象筆跡間の最大ユークリッド距離で除した筆者識別

クラスター分析による筆者識別は、筆者識別対象筆跡内で最大のユークリッド距離
（筆者識別対象筆跡の中で最も離れている筆跡間）で、それ以外の筆者識別対象筆跡
間の距離を除した数値でデンドログラムを作成している。その結果、

（１）同一筆者によって記載されたことが明らかな筆者識別対象筆跡内の最大のユー
クリッド距離は、対応する補正値（カテゴリー）間の数値は近似してくるので小さ
くなる。

（２）異なった筆者によって記載されたことが明らかな筆者識別対象筆跡内の最大の
ユークリッド距離は、対応する補正値（カテゴリー）間の数値は異なってくるので
大きくなる。

（３）デンドログラムは、筆者識別対象筆跡内で最大のユークリッド距離（筆者識別
対象筆跡の中で最も離れている筆跡間）で、それ以外の筆者識別対象筆跡間のユー
クリッド距離を除した数値でデンドログラムを作成している。従って、

（ア）同一筆者によって記載された筆者識別対象筆跡間の類似度（分離している筆跡
間のユークリッド距離を、筆者識別対象筆跡間で最も類似度の低い筆跡間のユーク
リッド距離で除し 1.000 から差引いた数値）は拡大される。

（イ）異なった筆者によって記載された筆者識別対象筆跡間の類似度は縮小される。

（４）同一筆者と異なった筆者によって記載された筆者識別対象筆跡の筆者識別が同
じ重み（尺度）でおこなわれるために、筆者識別基準を揃える必要がある。

（５）デンドログラムは、常に筆者識別対象筆跡内で最大のユークリッド距離を本書
では 0.000（最大のユークリッド距離 1.000 として表示する方法もある）としてい
るので、最大のユークリッド距離で補正すればよいことになる。

（6）補正方法として、**筆者識別目的筆跡と対照筆跡が分離している類似度の数値を最大のユークリッド距離で除す**方法を使用する。

（7）筆者識別目的筆跡が対照筆跡グループ内で結合している場合は、デンドログラムによる筆者識別と同様、筆者識別目的筆跡が対照筆跡は同一筆者によって記載されたものと判断し、この方法による筆者識別はおこなわない。

4．筆者識別目的筆跡と対照筆跡が分離している類似度の数値を最大のユークリッド距離で除す方法による筆者識別の基準値（閾値）

筆者識別目的筆跡と対照筆跡が、分離している類似度の数値を最大のユークリッド距離で除す方法による閾値を表 10 に示す。

表 10　筆者識別目的筆跡と対照筆跡が分離している類似度の数値を
最大のユークリッド距離で除す方法（DSY）による閾値

判定基準（DSY）	筆者識別結果
DSY≦0.0020	同一筆者
0.0020＜DSY≦0.0040	同一筆者の可能性高
0.0040＜DSY≦0.0060	同一筆者の可能性
0.0060＜DSY≦0.0080	異なった筆者の可能性
0.0080＜CDSY≦0.0100	異なった筆者の可能性高
0.0100＜DSY	異なった筆者

筆者識別目的筆跡が対照筆跡内で結合：同一筆者

（1）図 5 上段右側のデンドログラムは、類似度が 0.128、最大ユークリッド距離が 21.717 なので、最大ユークリッド距離で除す方法の数値は 0.006 で同一筆者によって記載された可能性があるものと判断する。

（2）図 5 下段のデンドログラムは、類似度が 0.238、最大ユークリッド距離が 28.168 なので、最大ユークリッド距離で除す方法の数値は 0.008_4 で異なった筆者の可能性高いものと判断する。

クラスター分析による筆者識別は、デンドログラムの類似度と、筆者識別目的筆跡と対照筆跡が分離している類似度の数値を最大のユークリッド距離で除す方法を、同じ重み（寄与）として使用する。

くどいが、図 5 上段左側や図 6 に示したような、筆者識別目的筆跡が対照筆跡グループ内で結合している場合は、筆者識別目的筆跡が対照筆跡は同一筆者によって記載されたものと判断し、これらの二方法はおこなわない。

第四節　主成分分析

　主成分分析はクラスター分析と同様、筆者識別に用いる多変量解析法としては非常に重要な方法である．m 個の試料を用いると、主成分は第一主成分から第 m 主成分まで計算される。主成分分析の手法を図 7 に示す。

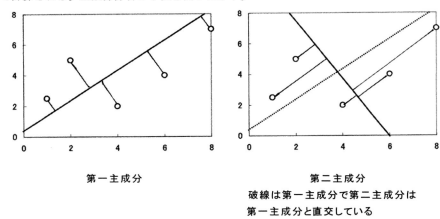

第一主成分

第二主成分
破線は第一主成分で第二主成分は
第一主成分と直交している

図 7　主成分分析の手法

　図 7 はわかり易くするために補正値（カテゴリー）数が 2 個の二次元座標で、第二主成分までの状態を示した。図 7 の各座標点から直線に下ろした垂線との交点が第一，二主成分得点（スコア）となる。

1　主成分分析の概念と計算方法

　主成分分析はクラスター分析と同様、補正値（カテゴリー）間でスケーリング（本書ではオートスケーリング）処理後おこなう。

（1）n 個の測定値を持つ各試料が、n 次元の空間に分布していると考える。三次元以上の空間はイメージし難いが、とりあえず三次元の空間を頭の中で考えればよい。

（2）空間に分布している各試料の測定値の共通する内容を、最大限取出せるような直線 （ $y_1 = h_{11}x_1 + h_{21}x_2 + \cdot\cdot\cdot + h_{n1}x_n$ ）を引く。

（3）直線の係数(h_{11}, h_{21}, $\cdot\cdot\cdot$, h_{n1})が m 個の試料の各測定値(x_1, x_2, $\cdot\cdot\cdot$, x_n)のバラツキ（分散）の程度を示し、数値が大きくなるほどバラツキ（分散）が大きい。

（4）最大限取出せるような直線とは、各測定値から垂線を下ろし、垂線の長さの総和が最小となるように引いた直線である。

52

（5）最初に，最大限取出した共通する部分の割合が、第一主成分寄与率である。

（6）各試料から下ろした垂線と最初に引いた直線との交点が、第一主成分得点である。

（7）最初引いた直線と直交し、第一主成分で取出した残りの部分から、共通部分を最大限取出せるように直線（$y_2 = h_{12}x_1 + h_{22}x_2 + \cdot\cdot\cdot + h_{n2}x_n$）を引く。

（8）直線の係数（$h_{12}, h_{22}, \cdot\cdot\cdot, h_{n2}$）が、$m$個の試料の各測定値（$x_1, x_2, \cdot\cdot\cdot, x_n$）のバラツキ（分散）の程度を示し、数値が大きくなるほどバラツキが大きい。

（9）第一主成分で取出した残りの部分から、最大限取出した共通する部分の割合が第二主成分寄与率である．

（10）各試料から直交する直線に下ろした垂線と，直交する直線との交点が，第二主成分得点である。

（11）順次、この方法で空間内に直線を引き、各試料中の共通する部分を取出していく。

（12）各直線（主成分）の係数の二乗和（$h_{1i}^2 + h_{2i}^2 + \cdot\cdot\cdot + h_{ni}^2$）は1になる。

（13）各主成分寄与率は、各主成分で抽出した共通部分の割合(%)を示している。

（14）各主成分寄与率は、各主成分の一次式の係数の和を全主成分の係数の和で除した数値であり、各主成分の寄与率を合計していったものが累積寄与率である。

　主成分分析の計算方法（公式）はやや煩雑なので、興味のある人は出版されている文献を参照されたい。

2　筆者識別における主成分分析

（1）筆跡が持つn個の補正値（カテゴリー）であるn次元空間内に、点として存在する筆者識別目的筆跡と対照筆跡から下ろした垂線の長さの総和が、最小になるように直線を引く。

（2）各筆跡からこの直線に下ろした垂線と直線との交点の値が第一主成分得点（スコア）となり、全筆者識別対象筆跡の内容の何パーセントを抽出しているかを示すのが第一主成分寄与率である。

（3）各筆跡から1本の直線に下ろした垂線だけで、n次元空間中に点として存在する全筆跡の内容のすべてを表せるわけではない。そこで、

（ア）最初に引いた直線と直交し、第一主成分で抽出されずに残った、各補正値（カテゴリー）の内容を最大に抽出するように再度直線を引く。

（イ）各筆跡からこの直線に下ろした垂線と直線との交点の値が、第二主成分得点（スコア）となり、第一主成分の内容を除いた残りの全筆者識別対象筆跡の内容の何パーセントを抽出しているかを示しているのが、第二主成分寄与率である。

（4）同様にして第三主成分は第一、第二主成分の各直線と直交し残った各補正値（カテゴリー）の内容を最大に抽出するように直線を引き、その直線に対し各筆跡から垂線を下ろす。

（5）この計算を全筆者識別対象筆跡の内容が完全に抽出されつくされるまでおこなう。

（6）このようにして、n個の補正値（カテゴリー）をもつm個の筆跡（筆者識別に

使用した全筆者識別対象筆跡）の内容（m×n行列）の90％以上が抽出されるまでこの作業を繰返す（実際はコンピュータがおこなうので瞬時に終了する）。

（7）主成分分析による筆者識別について、もう少し詳しく説明する。

（ア）各主成分で抽出された割合を固有値といい、パーセントで表したものを寄与率、各主成分の寄与率を加算したものを累積寄与率という。

（イ）90％以上というのは、累積寄与率のことをいう。

（ウ）直線は互いに直交しているので、各主成分得点（スコア）間には全く相関関係はない。

（エ）一般的に、相反する高い類似性をもつ筆跡グループが2つ含まれているような筆跡（筆者の異なる筆跡）の集まりであれば、少ない主成分（一～二主成分まで）で累積寄与率は90％以上になるし、まったく共通する部分がないような場合は、nに近い数値まで主成分を計算しないと累積寄与率は90％以上にならない。

（オ）第一主成分の寄与率と第一主成分の寄与率が近似し、残りの主成分の寄与率が数パーセントの範囲内で推移しながら、累積寄与率が90％以上になるのに多くの主成分が必要となるような場合は、すべての筆者識別対象筆跡が類似しており、個々の筆跡間が微妙に異なっているにすぎないことを示している。このような場合は、筆者識別対象筆跡内の共通性が高く、筆者識別目的筆跡と対照筆跡は同一筆者によって記載された可能性が極めて高い。

3　主成分分析結果の表示（図示）

1．主成分得点の図示

（1）主成分分析の結果は、累積主成分寄与率の割合が90％以上になるのに第二主成分までであれば二次元座標（x，y）、第三主成分以上であれば三次元座標（x，y，z）の図として示される。

（2）x座標は第一主成分得点、y座標は第二主成分得点、z座標は第三主成分得点を示す。

（3）紙面上では三次元までしか図示できないので、累積主成分寄与率が90％以上になるのに第四主成分以上を必要とする場合は、主成分分析による筆者識別結果（鑑定結果）の信頼性はやや低下する。

2．主成分得点の図示からの筆者識別

　第二主成分までで累積寄与率が90％以上を示した二次元座標（x，y）や、第三主成分以上で累積寄与率が90％以上を示した三次元座標（x，y，z）で示された図の筆者識別目的筆跡と対照筆跡グループの分布状態から判断する。

（1）筆者識別目的筆跡と対照筆跡グループが混合した状態で分布している場合は、同一筆者によって記載されたものと判断する。

（2）筆者識別目的筆跡と対照筆跡グループがほぼ接した状態で分布していれば、同一筆者によって記載された可能性が高いものと判断する。

（3）筆者識別目的筆跡が対照筆跡グループと極めて近似した位置に分布していれば、同一筆者によって記載された可能性があるものと判断する。

（4）筆者識別目的筆跡と対照筆跡グループが近似した位置に分布していれば、異な

った筆者によって記載された可能性があるものと判断する。

（５）筆者識別目的筆跡が対照筆跡グループとやや離れた位置に分布していれば、異なった筆者によって記載された可能性が高いものと判断する。

（６）筆者識別目的筆跡と対照筆跡グループが離れた位置に分布している場合は、異なった筆者によって記載されたものと判断する。

　この方法は、筆者識別目的筆跡と対照筆跡との関係が抽象的で、筆者識別の経験を積まないと判断が難しい。それでは、従来からの経験による筆者識別と大差がないことになる。

３．第一主成分得点を用いた筆者識別

　主成分分析では、第一主成分得点が最も筆者識別対象筆跡の内容を抽出してくる。そこで、筆者識別目的筆跡と対照筆跡との関係が抽象的でなく、各主成分得点の図示からの筆者識別を客観的に判断できる方法として、第一主成分得点を併用する。

４．第一主成分得点を用いた筆者識別の閾値

　筆者識別の判断基準（閾値）を表 11 に示す。

表 11　第一主成分得点(FPS)の判断基準（閾値）

第一主成分得点値差（ＦＰＳ）	筆者識別結果
鑑定対象筆跡と対照筆跡が混合状態で分布	同一筆者
最も近似した対照筆跡との差 FPS＜1.00000	同一筆者の可能性高
最も近似した対照筆跡との差 1.00000≦FPS＜2.50000	同一筆者の可能性
最も近似した対照筆跡との差 2.50000≦FPS＜5.00000	異なった筆者の可能性
最も近似した対照筆跡との差 5.00000≦FPS＜7.50000	異なった筆者の可能性高
最も近似した対照筆跡との差 7.50000≦FPS	異なった筆者

　第一主成分得点が最も筆者識別対象筆跡の内容を抽出してくるが、対照筆跡の筆跡数が 10 筆跡以上と多く、個人内変動が大きいと第一主成分寄与率が低下し、20％以下となる場合がある。このような場合は、筆者識別対象筆跡の全内容の 20％以下しか使用していないことになるので、あまり適した方法とは言えない。

　従って、各主成分得点の図示と、表 11 に示した第一主成分得点の閾値から、筆者識別をおこなうことが重要である。

　すでにクラスター分析の節で説明したように、主成分分析も、

（１）すべての筆者識別対象筆跡間の類似性が高ければ、実際の類似性以上に主成分得点値の差が大きく拡大される。

（２）類似性が低ければ、主成分得点値は実際の類似性より差が縮小される。

　従って、筆者識別目的筆跡と対照筆跡が極めて類似しているよう場合は、実際の類似性以上に主成分得点値の差が大きく拡大されてくるので、注意しなければならない。

　筆者識別目的筆跡が１筆跡、対照筆跡グループの筆跡数が５筆跡お用いて主成分分析を行った結果を図 8 に示す。

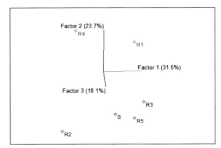

第一主成分得点 （寄与率 31.5%）

S	0.66116
R1	3.95854
R2	-9.33958
R3	6.71557
R4	-6.06010
R5	4.06439

同一筆者

分布図、第一主成分得点共に対照筆跡グループ内

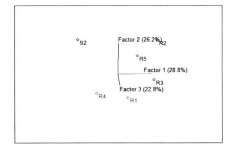

第一主成分得点 （寄与率 28.8%）

S	-6.58987
R1	0.70060
R2	4.37995
R3	4.06289
R4	-4.49855
R5	1.94499

同一筆者の可能性

分布図、第一主成分得点共に対照筆跡グループに近似

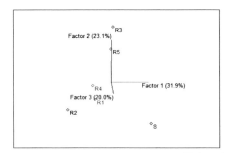

第一主成分得点 （寄与率 31.9%）

S	12.16718
R1	-3.62907
R2	-9.50720
R3	2.13708
R4	-2.93743
R5	1.76944

異なった筆者

分布図、第一主成分得点共に対照筆跡グループと明確に分離

図8　主成分分析から得られた分布図と第一主成分得点
S:筆者識別目的筆跡；R1〜R5:対照筆跡

図9に筆者識別目的筆跡が2筆跡の例を示す

56

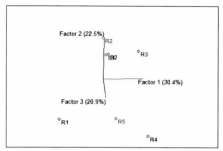

第一主成分得点 (寄与率 30.4%)

S1	-1.99841
S2	-1.48134
R1	-13.24712
R2	-1.14675
R3	7.26648
R4	9.54445
R5	1.06268

同一筆者
分布図、第一主成分得点共に対照筆跡グループ内

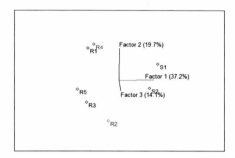

第一主成分得点 (寄与率 37.2%)

S1	6.57509
S2	7.94885
R1	-3.51172
R2	-0.10695
R3	-3.86765
R4	-2.44651
R5	-4.59112

異なった筆者
分布図、第一主成分得点共に対照筆跡グループと明確に分離

図 9　主成分分析から得られた分布図
S1, S2:筆者識別目的筆跡; R1〜R5:対照筆跡

5．第一、二主成分寄与率を用いた筆者識別

　すでに説明したように、主成分分析はクラスター分析と同様、すべての筆者識別対象筆跡間の類似性が高ければ実際の類似性以上に主成分得点値の差が大きく拡大され、類似性が低ければ主成分得点値は実際の類似性より差が縮小される。

　この問題点を解決する方法として、第二主成分寄与率を第一主成分寄与率で除した数値で筆者識別をおこなう。この方法で筆者識別が可能なのは、

（1）筆者識別目的筆跡と対照筆跡グループが同一筆者によって記載された筆跡ならば、全ての筆者識別対象筆跡は同じ共通性を持つので、第一、二主成分の寄与率は近似する。

（2）筆者識別目的筆跡と対照筆跡グループが異なった筆者によって記載された筆跡ならば、筆跡数の多い対照筆跡グループの共通性が第一主成分で抽出され、第二主成分では筆者識別目的筆跡の共通性（1筆跡ならば筆者識別目的筆跡そのもの）が

抽出される。筆者識別目的筆跡と対照筆跡グループは筆跡数が異なるので、第一主成分と第二主成分の寄与率の差が大きくなる。

（3）第二主成分寄与率／第一主成分寄与率（CR）から計算した筆者識別の判断基準（閾値）を表12に示す。

表12　第二主成分寄与率／第一主成分寄与率 （CR）から計算した
筆者識別の判断基準 （閾値）

判定基準（CR）	筆者識別結果
CR≧0.80000	同一筆者
0.80000＞CR≧0.75000	同一筆者の可能性高
0.75000＞CR≧0.70000	同一筆者の可能性
0.70000＞CR≧0.65000	異なった筆者の可能性
0.65000＞CR≧0.60000	異なった筆者の可能性高
0.60000＞CR	異なった筆者

（4）図8，9の第二主成分寄与率を第一主成分寄与率で除した値を計算すると、表13に示したようになる。

表13　図8，9の主成分分析結果の第二主成分寄与率／第一主成分寄与率

	寄与率比 第二主成分／第一主成分	筆者識別結果
図8 中段	26.1980/28.7856 = 0.91011	同一筆者
図8 下段	23.1145/31.8957 = 0.72469	同一筆者の可能性
図9 下段	19.7241/37.2181 = 0.52996	異なった筆者

対照筆跡内に分布している場合は同一筆者なので計算しない

主成分分析による筆者識別は、分布図と第二主成分寄与率を第一主成分寄与率で除した数値を同等の重み（寄与）でおこなう。

第五節　回帰分析（二筆跡間の筆者識別）

回帰分析は２個の試料を用い、重回帰分析は３個以上の試料を用いている。

1　回帰分析の計算方法

　　回帰分析の計算は、

　　$Y_i = bx_i + C$　　　$i = 1,2,3,\cdots, n$（１個の筆者識別対象筆跡が持つ補正値数）

　　Y_i：筆者識別目的筆跡の各補正値の予測値；x_i：対照筆跡の各補正値；b：傾き；C：
　　　切片

　　回帰式は一元一次式で、説明対照筆跡の各補正値から筆者識別目的筆跡の各補正値の予測値を計算する。このとき、筆者識別目的筆跡の各補正値の予測値(Y_i)と，筆者識別目的筆跡の各補正値(y_i)間の差の二乗和{残差の二乗和，$\Sigma(Y_i \cdot y_i)^2$}が最小となるように、傾きと切片が計算される。

　　対照筆跡の各補正値を用いて、筆者識別目的筆跡の各補正値の予測値(Y_i)と，筆者識別目的筆跡の各補正値(y_i)との差が最小になるように計算していることから、

　　筆者識別目的筆跡の各補正値の予測値(Y_i) ≒ 筆者識別目的筆跡の各補正値(y_i)

となり、対照筆跡と筆者識別目的筆跡の各補正値から相関関係を計算していることと同様になる。

　　相関係数(R)と決定係数($R2$)は、

$$R = \frac{\Sigma(y_i - \bar{y})(Y_i - \bar{Y})}{\{\Sigma(y_i - \bar{y})^2 \Sigma(Y_i - \bar{Y})^2\}^{1/2}}$$

$$R2 = \frac{\Sigma(Y_i - \bar{Y})^2}{\Sigma(y_i - \bar{y})^2}$$

　　y_i：筆者識別目的筆跡目的の補正値
　　Y_i：筆者識別目的筆跡の補正値に対する予測値
　　i：各筆者識別対象筆跡の補正値数；$i = 1,2,3,\cdots, n$
　　R：相関係数；$R2$：決定係数

の式で計算される．

　　相関分析と異なるのは、２個の筆者識別対象筆跡間の補正値の比較ではなく、筆者識別目的筆跡の１筆跡と対照筆跡の１筆跡の各補正値から、筆者識別目的筆跡の予測値を計算していることである。

　　回帰分析は、測定値数(n)が３個以上でないと適用できない。

2　回帰分析を用いた二筆跡間の筆者識別

　　回帰分析を用いた二筆跡間の筆者識別は、目的筆者識別目的筆跡の変数（y）と対照筆跡の変数（x）の各補正（カテゴリー）値間の差の二乗和が、最小となるように回帰式を作成し、

（１）得られた回帰式の切片と係数の２個の数値
（２）回帰統計の相関係数(R)、決定係数($R2$)、補正決定係数、標準誤差、回帰式の係数と切片の標準誤差の６個の数値
（３）ユークリッド距離の１個の数値

　　の合計９個の数値を用いて二筆跡間の筆者識別をおこなっている。

（4） 9個の数値を1列に並べたものを二筆跡間の筆者識別の資料（筆者識別対象資料）とする。例えば、筆者識別目的筆跡(S)と対照筆跡(R1)を用いて回帰分析とユークリッド距離の計算ををおこなったならば、筆者識別対象資料は **S-R1** と表示する。

（5） 回帰分析は、**筆者識別目的筆跡の1筆跡と対照筆跡の1筆跡の補正値をそのまま使用し、スケーリング処理はしない。**

（6） 回帰分析等から得られた9個の数値を用いた筆者識別対象資料の筆者識別は、9個の数値のカテゴリーごとにスケーリング（本書ではオートスケーリング）処理後、クラスター分析と主成分分析で筆者識別対象資料（二筆跡間）の筆者識別をおこなう。

1．筆者識別対象資料とデータベース

筆者識別目的筆跡と個々の対照筆跡が同一筆者によって記載されたか否かを判断する方法である。

（1） 回帰分析による筆者識別（筆跡鑑定）では、筆者識別目的筆跡と対照筆跡間の類似性の程度を示している9個の数値は、筆跡が持つ補正値（カテゴリー）数を考慮していない。

（2） 従って、筆者識別目的筆跡と対照筆跡から得られた9個の数値を比較検討するだけでは、精度の高い筆者識別は困難である。

（3） そのために、あらかじめ同一筆者及び異なった筆者によって記載されたことが明らかな多数の2筆跡を用いて、データベースを作成しておく必要がある。

（4） データベースの作成は、

（**ア**） 同一筆者によって記載されたことが明らかな同一文字で構成された筆跡間で回帰分析をおこない、得られた8個の数値とユークリッド距離の合計9個の数値を、同一筆者によって記載されたことが明らかなデータベース**(G1)**とする。

（**イ**） 同様に、異なった筆者によって記載されたことが明らかな同一文字で構成された筆跡間についても回帰分析をおこない、得られた8個の数値とユークリッド距離の合計9個の数値を、異なった筆者によって記載されたことが明らかなデータベース**(G2)**とする。

（**ウ**） データベースの G1，G2 の前に、筆跡が持つカテゴリー数を付ける。例えば、同一筆者によって記載されたことが明らかな同一文字で構成された筆跡が160個の数値に変換されていれば 160G1 と表示する。

（5） 筆者識別対象資料（二筆跡間）の筆者識別は、筆者識別対象資料に筆者識別対象資料と近似したカテゴリー数を持つ G1 と G2 の各5資料を選択して、スケーリング（本書ではオートスケーリング）処理後筆者識別をおこなう。

1．筆者識別対象資料と G1 及び G2 から筆者識別対象資料とカテゴリー数が近似した各5資料を選択使用した二筆跡間の筆者識別

（1） 最初に、G1 及び G2 から、筆者識別対象資料とカテゴリー数が近似した各5資料を選択する。

（2） 筆者識別対象資料とデータベースから選択した11資料間の各カテゴリー間を、

スケーリング（本書ではオートスケーリング）処理する。

（3）11 資料を用いてクラスター分析及び主成分分析をおこない、筆者識別対象資料が同一筆者によって記載されたものか否かを判断する。

（4）クラスター分析及び主成分分析の筆者識別結果が異なった場合は、両者の中間を筆者識別結果とする。例えば、クラスター分析の筆者識別結果が同一筆者、主成分分析の筆者識別結果が同一筆者の可能性高の場合は、同一筆者によって記載された可能性が極めて高いとなる。

（5）クラスター分析と主成分分析で、二筆跡間の筆者識別をおこなう場合の筆者識別対象資料（筆者識別目的筆跡と対照筆跡の組合せ）の判定基準（閾値）を表 14 に示した。

表 14　二筆跡間のクラスター分析と主成分分析の筆者識別の判断基準

類似度の数値（DST）による判断基準　（閾値）

結合位置	類似度の数値（DST）	筆者識別結果
G1内	————	同一筆者
G1の右側	DST≦0.250	同一筆者の可能性高
G1の右側	0.250＜DST≦0.500	同一筆者の可能性
G1の右側	0.500＜DST	異なった筆者の可能性
G2内	————	異なった筆者
G2の右側	DST≦0.500	異なった筆者の可能性高
G2の右側	0.500＜DST	異なった筆者の可能性

第一、第二主成分分析得点による判断基準　（閾値）

分布位置	第一主成分得点の符号	筆者識別結果
G1内	————	同一筆者
G1の左側	————	明確に同一筆者
G1の右側	同一符号（最短データベースとの差≦1.00000）	同一筆者の可能性高
G1の右側	同一符号（最短データベースとの差＞1.00000）	同一筆者の可能性
G2内	————	異なった筆者
G2の右側	————	明確に異なった筆者
G2の左側	同一符号（最短データベースとの差≦1.00000）	異なった筆者の可能性高
G2の左側	同一符号（最短データベースとの差＞1.00000）	異なった筆者の可能性

2．筆者識別対象資料と G1 及び G2 の各 5 資料を選択使用した二筆跡間の筆者識別

筆者識別対象資料と G1 及び G2 の各 5 資料を選択使用した、二筆跡間の筆者識別結果を図 10 に示す。

61

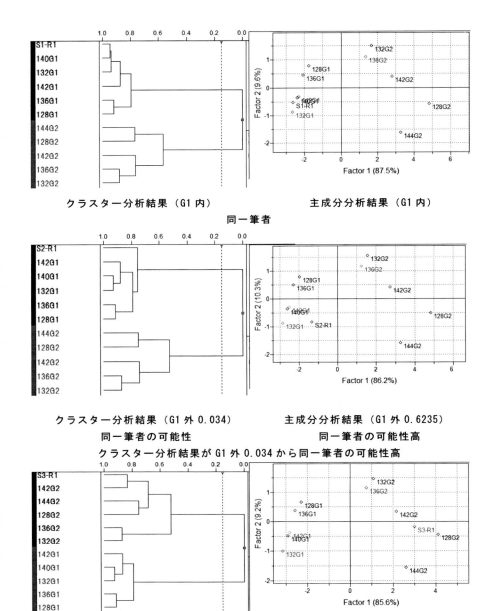

クラスター分析結果（G1 内）　　　　主成分分析結果（G1 内）

同一筆者

クラスター分析結果（G1 外 0.034）　　主成分分析結果（G1 外 0.6235）

同一筆者の可能性　　　　　　　　同一筆者の可能性高

クラスター分析結果が G1 外 0.034 から同一筆者の可能性高

クラスター分析結果（G2 内）　　　　主成分分析結果（G2 内）

異なった筆者

図 10　G1, G2 各 5 試料を用いた二筆跡間の筆者識別結果

3．筆者識別対象資料と G1 から筆者識別対象資料とカテゴリー数が近似した 10 資料
を選択使用した二筆跡間の筆者識別

　筆者識別対象資料と G1 から 10 資料を選択しオートスケーリング処理後、11 資料
を用いてクラスター分析及び主成分分析をおこない、筆者識別対象資料が同一筆者に
よって記載されたものか否かを判断する。

　この方法は、筆者識別対象資料と G1 及び G2 の各 5 資料を選択使用した二筆跡間の
筆者識別でクラスター分析及び主成分分析の筆者識別をおこなった結果、

（1）筆者識別対象資料が G1 から離れた位置に分布していた場合

（2）クラスター分析結果と主成分分析結果が異なっていた場合

に、より詳細な G1 との関係を確認するためにおこなう方法である。

（3）従って、筆者識別対象資料と G1 及び G2 の各 5 資料を選択使用した二筆跡間の
　　筆者識別で、クラスター分析と主成分分析で筆者識別をおこなった結果、筆者識別
　　対象資料がいずれの方法でも G1 内で結合（分布）している場合

（4）筆者識別対象資料と G1 及び G2 の各 5 資料を選択使用した二筆跡間の筆者識別
　　で、クラスター分析と主成分分析の筆者識別結果が、いずれの方法でも G2 内で結
　　合（分布）している場合

は、筆者識別対象資料は同一筆者か異なった筆者によって記載されたことが明確なの
で実施しない。

　図 11 に、図 10 の中段に示した筆者識別対象資料について、この方法で筆者識別を
おこなった結果を示す。

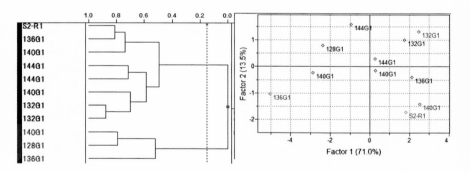

クラスター分析結果（G1 グループ内）　　　主成分分析結果（G グループ 1 内）

S2-R1 は同一筆者、従って S2 は対照筆跡グループ内

図 11　　G1 の 10 試料を用いた二筆跡間の筆者識別結果

（5）筆者識別の判断基準（閾値）

　筆者識別対象資料（筆者識別目的筆跡と対照筆跡の組合せ）の判定基準（閾値）
を表 15 に示す。

表 15　G1 の 10 試料を用いた二筆跡間の筆者識別判断基準

クラスター分析結果	主成分分析結果	筆者識別結果
グループ内で結合	グループ左側外に分布	同一筆者
グループ内で結合	グループ内に分布	同一筆者
グループ内で結合	グループ右側外に分布	同一筆者の可能性
グループ外で結合	グループ内に分布	異なった筆者の可能性
グループ外で結合	グループ右側外に分布	異なった筆者

グループ：G1の10資料

　筆者識別目的筆跡－筆者識別対照筆跡から作成した筆者識別対象資料が、表 14 に示したような筆者識別結果ならば、表 15 の筆者識別目的筆跡と対照筆跡の筆者識別結果は、表 14 の筆者識別結果と同じになる。

４．筆者識別目的筆跡－筆者識別対照筆跡と筆者識別対照筆跡－筆者識別対照筆跡間の筆者識別

　筆者識別目的筆跡と筆者識別対照筆跡を組合せた筆者識別対象資料と、筆者識別対照筆跡間を組合せた筆者識別対象資料（資料）を用いてクラスター分析と主成分分析をおこなう。

（１）筆者識別の判断基準（閾値）

　　筆者識別目的筆跡と筆者識別対照筆跡を組合せた筆者識別対象資料と筆者識別対照筆跡間を組合せた筆者識別対象資料（資料）を用いてクラスター分析と主成分分析をおこなった結果の筆者識別判断基準を表 16 に示す。

表 16　筆者識別目的筆跡－筆者識別対照筆跡と
筆者識別対照筆跡－筆者識別対照筆跡間の筆者識別判断基準

クラスター分析結果	主成分分析結果	筆者識別結果
グループ内で結合	グループ左側外に分布	同一筆者
グループ内で結合	グループ内に分布	同一筆者
グループ内で結合	グループ右側外に分布	同一筆者の可能性
グループ外で結合	グループ内に分布	異なった筆者の可能性
グループ外で結合	グループ右側外に分布	異なった筆者

グループ：対照筆跡間で作成した筆者識別対象筆跡グループ

（２）筆者識別目的筆跡－筆者識別対照筆跡から作成した筆者識別対象資料が表 15 に示したような結果が得られれば、筆者識別目的筆跡と対照筆跡の筆者識別結果は、表 14 の筆者識別結果と同じになる。

　　この方法は、筆者識別対照筆跡の個人内変動幅に関係なく、筆者識別目的筆跡が筆者識別対照筆跡の個人内変動幅内にあるか否かを判断する方法である。

５．回帰分析と二筆跡間の筆者識別の関係

（１）二筆跡間の筆者識別に利用する回帰分析

（ア） 筆者識別目的筆跡の1筆跡と各対照筆跡の1筆跡を組合せ、筆者識別対象資料とする。

　　筆者識別目的筆跡が1筆跡、対照筆跡が5筆跡ならば、組合せは5通りとなる。（筆者識別目的筆跡が2筆跡、対照筆跡が5筆跡ならば、組合せは10通りとなる。）

（イ） ついで、対照筆跡のみを組合せ筆者識別対象資料（資料）とする。対照筆跡が5筆跡ならば、組合せは10通りとなる。

（ウ） 組合せた、筆者識別目的筆跡と各対照筆跡、対照筆跡と対照筆跡を用いて回帰分析をおこなうと、回帰統計、分散分析表、回帰式、残差出力｛各カテゴリーに対する予測値(Y)と残差｝が計算されるが、その中で2筆跡間の差が読取れる、表17に示したような8個の数値を選択する。

表17　回帰分析結果

回帰統計	
相関係数 R	0.975459
決定係数 R2	0.951521
補正決定係数 R2	0.951095
標準誤差	0.081467

回帰式	係数	標準誤差
切片	0.028372	0.009865
X 値	0.920487	0.01946

筆者識別に対する、回帰分析の利用はここまでである。

（2）ユークリッド距離の計算

　　ユークリッド距離は、

$$\left\{ \sum (x_{1i} - x_{2i})^2 \right\}^{1/2}$$ 但し、x_1、x_2は筆者識別対象筆跡；nは補正値

から計算する。

（3）筆者識別対象資料

（ア） 回帰分析から得られたこの8個の数値に、ユークリッド距離を加えた9個の数値を1列に並べたものが、筆者識別対象資料である。

（イ） 従って、回帰分析は、クラスター分析と主成分分析分析で二筆跡間の筆者識別をおこなうための前処理、と考えることができる。

（ウ） 回帰分析をおこなうときは、得られた回帰式の相関係数が常に 1.0000 以下となるように、筆者識別目的筆跡と対照筆跡のいずれかを、目的変数に入れ替えて回帰分析をおこなう必要がある。

（4） 筆者識別目的筆跡と対照筆跡が各1筆跡の場合の筆者識別は、筆者識別目的筆跡と対照筆跡が各1筆跡しかなく、クラスター分析や主成分分析が不可能な場合でも筆者識別が可能となる。

（５）データベースから、筆者識別対象資料と近似したカテゴリー数を選択する理由
は、

（ア）９個の数値は筆跡がもつ補正値（カテゴリー）数に無関係なので、補正値（カ
テゴリー）数が少なければ、１〜２個の補正値（カテゴリー）の数値が異なるだけ
で、相関係数やユークリッド距離等の９個の数値は大きく変動する。

（イ）逆に、筆跡が持つ補正値（カテゴリー）数が多ければ、５〜６個の補正値（カ
テゴリー）の数値が異なっていても、９個の数値にそれほど大きな影響を与えない。

（ウ）そのために、筆跡が補正値（カテゴリー）数を無視して筆者識別をおこなうと、
補正値（カテゴリー）数の多少により９個の数値の変動幅が異なるので、９個の数
値から同一筆者によって記載されたか否を判断する判断基準（閾値）を明確にする
ことが困難となる。

（エ）そこで、同一筆者或いは異なった筆者によって記載されたことが明らかな多数
の２筆跡間について、あらかじめ回帰分析等で同様の計算をおこない、得られた９
個の数値をデータベースとして保存しておくことが必要不可欠となる。

第六節　その他の多変量解析法

筆者識別（筆跡鑑定）に用いるにはやや問題があるが、場合によっては使用可能なその他の多変量解析法について、簡単に説明する。

1　判別分析

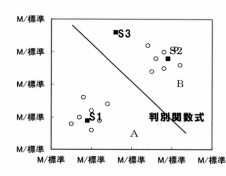

S₁，S₂，S₃：筆者識別目的資料；
A，B：対照筆跡グループ
S1 は対照筆跡グループAに帰属
S2 は対照筆跡グループBに帰属
S3 はA、Bに帰属していない

図 12　判別分析結果

1．判別分析による筆者識別
（1）判別分析では、2つの対照筆跡グループが必要である。
（2）従って、通常おこなわれている筆者の明らかな対照筆跡グループが1つしかない場合は、判別分析は困難であるが、異なった筆者の明らかな対照筆跡グループが2つある場合は判別分析をおこなうことができる。
（3）しかし、2つの対照筆跡グループは少なくとも2筆跡以上を必要とする。通常は、各対照筆跡グループは4～5筆跡以上あるのが望ましい。

2．判別分析による筆者識別の問題点
判別分析は、n次元の座標空間 ｛n個の補正値（カテゴリー）を軸とする空間｝に点在する筆者の明らかな筆跡グループを2つのグループに分類し、筆者識別目的筆跡がどちらのグループに帰属するかを決定する方法である。
（1）例えば図 12 に示したように、S₁やS₂はそれぞれ筆者Aと筆者Bのグループ内にあり、判別分析は筆者識別としての目的をはたしている。
（2）しかし、図 12 に示した S3 のように、どちらのグループにも帰属しないような場合でも、判別分析をおこなうと強引に筆者Bに帰属されてしまう。
（3）これは、まず筆者の明らかな2つのグループが別のグループと認識されるように境界を示す式（判別関数式）を作り、その式に筆者識別目的筆跡の補正値を代入し、式を境にして筆者識別目的筆跡がどちら側にあるかで判断するためである。
（4）従って、図 12 に示した S3 のように、どちらのグループにも帰属しないような場合でも、強引にBのグループに帰属させ、誤判断をすることになる。

従って、あまり良い方法とはいえない。

2　KNN分析

1．KNN分析による筆者識別

KNNによる筆者識別は、

（1）あらかじめn次元の座標空間に点在する筆者の明らかな対照筆跡を複数のグループに分類する。

（2）ついで、筆者識別目的筆跡が複数に分類した対照筆跡グループのいずれに帰属するかを判断する。

（3）判断方法は、筆者識別目的筆跡と各対照筆跡グループ内の筆跡間のユークリッド距離を計算して、筆者識別目的筆跡と最も近いユークリッド距離を持つ対照筆跡グループに筆者識別目的筆跡を帰属させる方法である。

2．KNN分析による筆者識別方法

図13にKNN分析による筆者識別方法を示す。

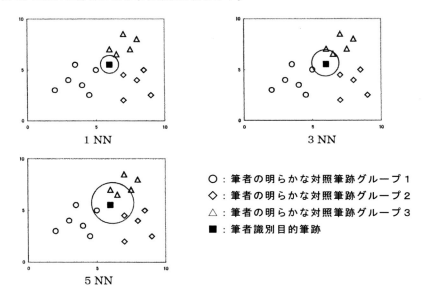

図13　KNN分析による筆者識別方法

（1）筆者識別目的筆跡と最短距離にある対照筆跡グループ内の1個だけで帰属を決める方法が1NNである。

（2）筆者識別目的筆跡と最短距離から距離が短い順に3個までが含まれる対照筆跡を計算で求め、2個以上含まれている対照筆跡グループに帰属させる方法が3NNであう

（3）最短距離から距離が短い順に5個の対照筆跡を計算で求め、3個以上含まれて

68

いる対照筆跡グループに帰属させる方法が5NNである。

（4）偶数にすると、個々の対照筆跡グループから選択された筆跡数が同数になる可能性があるので2NNや4NNなどはない。

3．KNN分析による筆者識別の問題点

KNNは筆者識別目的筆跡と最短距離にある対照筆跡グループに強引に帰属させるため、筆者識別目的筆跡を記載した筆者の筆跡が存在しない場合でも、筆者識別に用いたいずれかの対照筆跡グループに帰属されてしまうことになるので、あまり良い方法とはいえない。

3　SIMCA分析

1．SIMCA分析による筆者識別

（1）最初に、人為的に筆者の明らかな対照筆跡を複数のグループ（クラスター）に分類｛通常は同一の筆者によって記載された筆跡を同じグループ（クラスター）｝にする。

（2）グループごとに主成分分析をおこない、グループに含まれている筆者の明らかな対照筆跡グループが包括されている第p主成分得点までで表示されるp次元の容器（SIMCAbox）を作成する。

（3）SIMCA分析では、グループ内の筆跡の分散（ばらつき、個人内変動）が大きければ、当然SIMCAboxの容積も大きくなる。

（4）各対照筆跡グループから得られたSIMCAboxが重複するような場合は、異なった筆者間の筆跡が識別できないほど類似しているか、筆者の明らかな対照筆跡をグループ化するときに個々の筆跡の帰属方法を間違えて別のグループに分類してしまったかのいずれかになる。

2．SIMCA分析による筆者識別方法

（1）筆者識別では、筆者の明らかな筆跡ごとにグループを作っているので、SIMCAboxが重複するような場合は、対照筆跡の形状は極めて類似していることになる。

（2）SIMCA分析による実際の筆者識別は、あらかじめ筆者の明らかな対照筆跡グループごとに形成したSIMCAboxに、筆者識別目的筆跡が含まれるかどうかで判断する。

（3）従って、判別分析とは異なり、図12のS3のような筆者識別目的筆跡は、帰属するグループはない（対照筆跡を記載した筆者らによって記載された筆跡ではない）と判断される。

（4）SIMCA分析結果は対照筆跡グループごとに主成分分析をおこなっているので、判別分析やKNN分析のように複数（m個）の対照筆跡から得られたn個の補正値（m×n行列）をそのまま用いて判断しているのではなく、n個の補正値（n個のカテゴリー）を1～3個の主成分得点（スコア）に圧縮した状態として判断している。

（5）この方法は、筆者の明らかな筆跡間の類似性についても判断できる。

図14に2名の筆者によって記載された筆跡から、個々のSIMCAboxを形成させ、

得られた SIMCAbox が対照筆跡グループごとに明確に分離した例と、対照筆跡グループ間の分離が困難な例を示す。

　なお、各グループから SIMCAbox を形成するときは、各グループの主成分の累積寄与率が 90％以上になるまでの主成分を使用する。

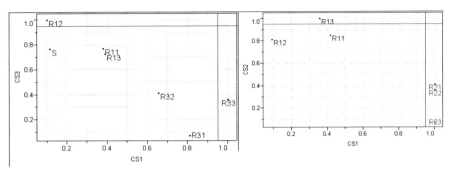

対照筆跡グループ間の分離が困難な
SIMCAbox

対照筆跡グループ間の分離が可能な
SIMCAbox

**図 14　SIMCA 分析で筆者の明らかな対照筆跡グループ間の
分布状態（分離の可否）の検討結果**

（６）SIMCA 分析も判別分析と同様、筆者の明らかな対照筆跡グループを 2 グループ以上必要とする。

（ア）従って、通常おこなわれている対照筆跡グループが 1 グループで、筆者識別目的筆跡がこの対照グループの筆者と同一か否かを判断する筆者識別には使用できない。

（イ）さらに、あらかじめ筆者識別目的筆跡をグループ 1 か 2 に指定しなければならない。

（７）ソフトウエアがなく SIMCA 分析ができない場合は、

（ア）筆者識別目的筆跡と各対照筆跡グループを用いて主成分分析をおこなう。

（イ）対照筆跡グループが 2 グループであれば、2 回主成分分析をおこなう。

３．ＳＩＭＣＡ分析による筆者識別例

　筆者識別目的筆跡を対照筆跡のグループ 1 とグループ 2 に指定し、SIMCA 分析をおこなった結果を図 15 に示す。

　図 15 から、筆者識別目的筆跡はグループ 1 (R11～R13)の対照筆跡と同一の筆者によって記載され可能性が高いと判断する。

　判断の参考となる筆者識別目的筆跡を含む各 SIMCbox 内の筆跡の距離を図 16 に示す。

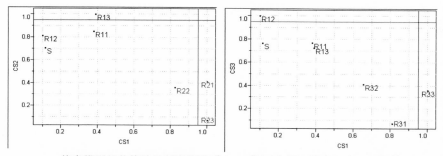

筆者識別目的筆跡は対照筆跡グループ(R1)と同一筆者によって記載
R1 と R3 間の区別はやや困難で対照筆跡グループ(R3)と同一筆者によって記載され
た可能性も否定できない

図 15　SIMCA 分析による筆者識別（筆跡鑑定）結果

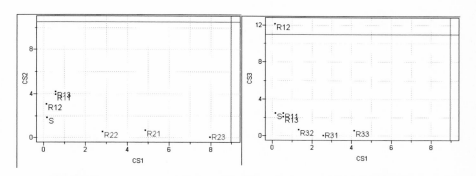

R3 の対照筆跡グループのほうが R2 の対照筆跡グループより筆者識別目的筆跡に近似

図 16　各 SIMCAbox 内の各筆跡のユークリッド距離

　参考として、SIMCA 分析のソフトウエアがない場合の、筆者識別目的筆跡(S)と対
照筆跡グループ(R11〜R13, R21〜R23, R31〜R33)を用いた、クラスター分析と主成
分分析結果を図 17 に示す。

　図 17 から、筆者識別目的筆跡(S)は、対照筆跡(R11〜R13)、対照筆跡(R21〜R23)、
対照筆跡(R31〜R33)のなかで、対照筆跡(R11〜R13)と同一の筆者によって記載され
たと判断できる。

71

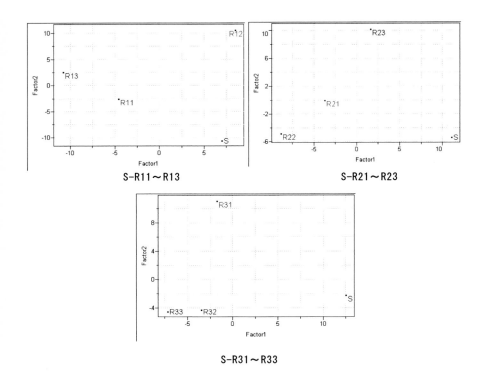

S-R11〜R13   S-R21〜R23

S-R31〜R33

図 17　異なった 2 筆者を対照筆跡とした主成分分析結果

4　ニューラルネットワーク

　ニューラルネットワークは、対照筆跡グループについてあらかじめ分離の基準を決めておき、筆者識別目的筆跡をこの基準と照合しながら類似するかどうかを区別していく方法と、基準がなく無作為な重みをつけ計算を繰り返し、類似性のあるものを集めていく方法とがある。従って、クラスター分析と類似しており、パターン認識には適している。筆者識別者によって基準が決められることから、通常は筆者識別には使用しない。

第五章　多変量解析法による筆者識別方法

　多変量解析法による筆者識別について、相関分析、共分散分析、クラスター分析、主成分分析、回帰分析（二筆跡間の筆者識別）を使用しているので、どのような手順で筆者識別をおこない、得られた筆者識別結果を表現すればよいのかが明確でない。

　そこで、多変量解析法による筆者識別の手順について説明し、筆者識別結果の表現方法について示す。

1　筆跡の前処理
1．筆者識別に用いる筆跡の決定
（1）筆者識別目的筆跡と対照筆跡の両者に記載されている、同一筆跡｛構成筆字（文字）が同一｝を選択する。

（2）離れて記載されている筆字を組み合わせて両者に共通の筆跡が得られる場合は、組み合わせて同一の筆跡として用いる。

（ア）例えば、筆者識別目的筆跡に「○年○月○日」の筆跡が認められ、対照筆跡に「去年の5月に三重県四日市市に仕事で出張した際・・・」の文節が認められれば、文節内の「年」、「月」、「日」筆跡を組み合わせて1つの筆跡として取り扱う。

（3）筆跡は2筆字以上で構成されている筆跡を使用し、測定点（座標点）が 25 点以上｛補正値（カテゴリー数）が 50 以上｝ないと筆者識別の信頼性が低下する。

（4）平仮名や算用数字は、個人内変動が極めて大きいので、使用しない。

2．基線及び測定点（座標点）の決定
（1）筆者識別目的筆跡と対照筆跡を構成している各筆字（文字）について、比較的明確に記載されている筆字（文字）の筆導入部（始筆部）、筆止部（終筆部）、筆転折部等を確認し決定する。

（2）決定した各筆字（文字）の測定点（座標点）から、離れた位置の明確に記載されている筆導入部（始筆部）、筆止部（終筆部）、筆転折部を選択し基線とする。

3．筆跡の読取
（1）決定した筆跡をスキャナで読取る。

（2）読取った筆跡を大きさが約 10～15 cm×10～15 cm に拡大する。

（3）拡大した筆跡をコンピュータのディスプレイ（画面）上に表示するか、印刷する。

（4）画面上に筆字（文字）が表示できない（納まらない）場合は縮小する。

（5）拡大したすべての筆跡から、再度基線の位置と測定点（座標点）の決定に問題がないか確認し、最終決定する。

（6）コンピュータの画面上の筆跡の基線を y 軸に設定する。

（7）印刷した場合は、1 mm 方眼紙を用いて基線が垂直になるようにする。

（8）基線の長さを読取る。

（9）測定点（座標点）の x 座標、y 座標の数値を、決めた順番に従って読取り、1

列（または1行）に並べる。

（10）読取り1列（行）に並べた測定点（座標点）の数値を、基線で除し補正値とする。

（11）この作業を、筆跡を構成している各筆字（文字）についておこなう。

（12）複数の筆字（文字）から得られた補正値を1列（行）に並べる。

得られた1列（行）が数値化された筆跡である。

2　対照筆跡の確認

筆者識別は、筆者識別目的筆跡と対照筆跡が同一筆者によって記載されたものか否かを確認することなので、対照筆跡の筆者は間違いなく明確でなければならない。

1．対照筆跡が1名によって記載されている場合

（1）提出者が対照筆跡は1名によって記載されたものと判断している場合は、たとえ個人内変動が大きくても、提出された全ての対照筆跡を使用する。

（2）極端に対照筆跡グループから離脱している対照筆跡が認められた場合は、念のため、対照筆跡グループから離脱している対照筆跡を除外した状態で筆者識別をおこなう。

2．対照筆跡が2名以上によって記載されている場合

（1）提出者が指定した記載者の対照筆跡グループと筆者識別目的筆跡との筆者識別をおこなう。従って、対照筆跡が3名によって記載されていれば、3回筆者識別をおこなうことになる。

（2）極端に対照筆跡グループから離脱している対照筆跡が認められた場合は、念のため、対照筆跡グループから離脱している対照筆跡を除外した状態で筆者識別をおこなう。

（3）提出された対照筆跡が何名によって記載されたかが明らかでない場合は、最初に対照筆跡のグループ化をおこない、その後分割した対照筆跡グループごとに筆者識別目的筆跡との筆者識別をおこなう。この場合は、個人内変動の大きな同一筆者によって記載された対照筆跡は、異なった筆者に分類される可能性がある。

3　筆者識別

1．相関分析

（1）筆者識別目的筆跡と各対照筆跡との相関係数が、1個でも同一筆者によって記載されたと判断される閾値であれば、筆者識別目的筆跡と対照筆跡グループは、同一筆者によって記載されたものと判断する。

（2）筆者識別目的筆跡と各対照筆跡との相関係数の全てが異なった筆者によって記載されたと判断される閾値であれば、筆者識別目的筆跡と対照筆跡グループは、異なった筆者によって記載されたものと判断する。

（3）各対照筆跡間の相関係数から、対照筆跡グループの個人内変動が確認できる。

2．共分散分析

（1）筆者識別目的筆跡と各対照筆跡との共分散係数の絶対値が、1個でも同一筆者によって記載されたと判断される閾値であれば、筆者識別目的筆跡と対照筆跡グループは同一筆者によって記載されたものと判断する。

（2）筆者識別目的筆跡と各対照筆跡との共分散係数の絶対値のすべてが、異なった筆者によって記載されたと判断される閾値であれば、筆者識別目的筆跡と対照筆跡グループは異なった筆者によって記載されたものと判断する。

（3）各対照筆跡間の共分散係数の絶対値から、対照筆跡グループの個人内変動が確認できる。

（4）すでに第四章第二節の共分散分析で説明したように、共分散係数の絶対値による筆者識別結果の信頼性は、それほど高くない。

３．クラスター分析

筆者識別対象筆跡の補正値をスケーリング（本書ではオートスケーリング）処理後、重心法を用いてクラスター分析をおこなう。

（1）クラスター分析から得られたデンドログラムが２つのグループ（クラスター）に分離している位置（類似度の数値）を読取る。

（ア）類似度の位置から、判断基準（閾値）に従って筆者識別をおこなう。

（イ）クラスター形成方法に、重心法以外の方法を用いた場合は、あらかじめ用いた方法に従って判断基準（閾値）を設定しておく必要がある。

（2）筆者識別目的筆跡と対照筆跡グループとに分割できる類似度を、グループ内で最も離れている（類似性に低い）筆跡間のユークリッド距離で除した数値から、判断基準（閾値）に従って筆者識別をおこなう。

４．主成分分析

筆者識別対象筆跡の補正値をスケーリング（本書ではオートスケーリング）処理後、主成分分析をおこない、累積寄与率が90%以上になるまでの各主成分の寄与率を読取る。

（1）各主成分の寄与率を考慮して、筆者識別目的筆跡と対照筆跡の各主成分の主成分得点値の分布図を作成し、分布図と第一主成分得点から、決められた判断基準（閾値）に従って筆者識別をおこなう。

（ア）累積寄与率が90%以上になるまでに第三主成分以上を必要とした場合は、分析結果を三次元（第一主成分をx座標、第二主成分をy座標、第三主成分をz座標）で図示する。

（イ）第二主成分で累積寄与率が90%以上になる場合は、二次元（第一主成分をx座標、第二主成分をy座標）で図示する。

（ウ）累積寄与率が90%以上になるまでに第四主成分以上を必要とする場合は、筆者識別結果の信頼性はやや低下する。

（2）第二主成分寄与率を第一主成分寄与率で除した数値から、判断基準（閾値）に従って筆者識別をおこなう。

５．二筆跡の筆者識別（回帰分析）

最初に、筆者識別目的筆跡と対照筆跡の各１筆跡を組合せた後、組合せた２筆跡の補正値をそのま用いて回帰分析をおこない、相関係数(R)、決定係数(R2)、補正決定係数、標準誤差、回帰式の切片、係数、切片の標準誤差、係数の標準誤差と２筆跡間のユークリッド距離を計算する。

（1） 筆者識別目的筆跡を含む筆者識別対象資料と、あらかじめ同一筆者或いは異なった筆者によって記載されたことが明らかな筆跡を同様の方法で9個の数値にしたデータベース（同一筆者：G1、異なった筆者：G2）から、筆者識別目的筆跡を含む筆者識別対象資料と近似した補正値（カテゴリー）数を持つ各5個の対照筆跡のみから形成した筆者識別対象資料（資料）を選択する。

（ア）11個の筆者識別対象資料を用いてクラスター分析をおこない、判断基準（閾値）に従って筆者識別をおこなう。

（イ）11個の筆者識別対象資料を用いて主成分分析をおこない、判断基準（閾値）に従って筆者識別をおこなう。

（2） 筆者識別目的筆跡と対照筆跡グループが、G1, G2の各5個を用いた筆者識別結果で、同一筆者の可能性高か同一筆者の可能性と判断された場合は、筆者識別目的筆跡を含む筆者識別対象資料と近似した補正値（カテゴリー）数を持つ、各 10 個のG1を選択する。

（ア）11個の筆者識別対象資料を用いてクラスター分析をおこない、判断基準（閾値）に従って筆者識別をおこなう。

（イ）11個の筆者識別対象資料を用いて主成分分析をおこない、判断基準（閾値）に従って筆者識別をおこなう。

（ウ） 筆者識別目的筆跡と対照筆跡グループが、明確に同一筆者、同一筆者、異なった筆者の可能性、異なった筆者の可能性高、異なった筆者、明確に異なった筆者と判断された場合は、この方法による筆者識別はおこなわない。

（4） 筆者識別目的筆跡を含む筆者識別対象資料と、対照筆跡のみから形成した筆者識別対象資料から筆者識別をおこなう。例えば、対照筆跡グループが5筆跡から形成されていれば、

（ア） 対照筆跡のみから形成した筆者識別対象資料数は、${}_5C_2 = 10$ 個である。

（イ） 筆者識別目的筆跡を含む筆者識別対象資料は、筆者識別目的筆跡の1筆跡に対して、対照筆跡は5筆跡なので、筆者識別対象資料数は5個である。

（ウ）10個の対照筆跡のみから形成した筆者識別対象資料と1個の筆者識別目的筆跡を含む筆者識別対象資料を用いて、クラスター分析をおこない、判断基準（閾値）に従って筆者識別をおこなう。対照筆跡のみから形成した筆者識別対象資料（資料）は5個あるので、同様の方法で5回クラスター分析をおこない、判断基準（閾値）に従って筆者識別をおこなうことになる。

（エ）10個の対照筆跡のみから形成した筆者識別対象資料（資料）と、1個の筆者識別目的筆跡を含む筆者識別対象資料を用いて、主成分分析をおこない、判断基準（閾値）に従って筆者識別をおこなう。対照筆跡のみから形成した筆者識別対象資料（資料）は5個あるので、同様の方法で5回主成分分析をおこない、判断基準（閾値）に従って筆者識別をおこなうことになる。

6．SIMCA分析の実行

（1） 対照筆跡をグループ1(R1)とグループ2(R2)に指定する。

（2） 筆者識別目的筆跡をグループ1(R1)に指定して分析をおこなう。

（３）ついで、筆者識別目的筆跡をグループ2 (R2)に指定して分析をおこなう。

（４）筆者識別目的筆跡が対照筆跡のグループ1 (R1)に帰属していればグループ1
(R1)と同一の筆者によって、対照筆跡のグループ2 (R2)に帰属していればグループ
2 (R2)と同一の筆者によって記載されたと判断する。

（５）通常は、SIMCA分析はおこなわれい。

4　総合的な筆者識別（鑑定）結果の表現

1．相関分析、共分散分析（参考）、クラスター分析、主成分分析、二筆跡間筆者識別
の4手法の7方法のうち、4方法以上の筆者識別目的筆跡と対照筆跡の筆者識別結
果が、同一筆者、同一筆者によって記載された可能性が高、同一筆者によって記載
された可能性と判断された場合

判断条件の組合せにより、筆者識別（鑑定結果）は次のように表現する。

（１）筆者識別目的筆跡は、対照筆跡と同一筆者によって記載されたものと考えられ
る。

（２）筆者識別目的筆跡は、対照筆跡と同一筆者によって記載された可能性が極めて
高いものと考えられる。

（３）筆者識別目的筆跡は、対照筆跡と同一筆者によって記載された可能性が高いも
のと考えられる。

（４）筆者識別目的筆跡は、対照筆跡と同一筆者によって記載された可能性があるも
のと考えられる。

2．4手法の7方法のうち、4方法以上の筆者識別目的筆跡と対照筆跡の筆者識別結
果が、異なった筆者、異なった筆者によって記載された可能性高、異なった筆者に
よって記載された可能性と判断された場合

判断条件の組合せにより、筆者識別（鑑定結果）は次のように表現する。

（１）筆者識別目的筆跡は、対照筆跡と異なった筆者によって記載されたものと考え
られる。

（２）筆者識別目的筆跡は、対照筆跡と異なった筆者によって記載された可能性が極
めて高いものと考えられる。

（３）筆者識別目的筆跡は、対照筆跡と異なった筆者によって記載された可能性が高
いものと考えられる。

（４）筆者識別目的筆跡は、対照筆跡と異なった筆者によって記載された可能性があ
るものと考えられる。

3．4手法の7方法のうち、4方法が筆者識別目的筆跡と対照筆跡は同一筆者、同一
筆者によって記載された可能性が高いと判断された、3方法が異なった筆者によっ
て記載された可能性高、異なった筆者によって記載された可能性と判断された場合

判断条件の組合せにより、筆者識別（鑑定結果）は次のように表現する。

（１）筆者識別目的筆跡は、対照筆跡と同一筆者によって記載された可能性がある。

（２）筆者識別目的筆跡は、対照筆跡と同一筆者によって記載された可能性が推測さ
れる。

4．4手法の7方法のうち、3方法が同一筆者によって記載された可能性が高、同一

筆者によって記載された可能性と判断され、４方法が異なった筆者、異なった筆者によって記載された可能性高と判断された場合

判断条件の組合せにより、筆者識別（鑑定結果）は次のように表現する。

（１）筆者識別目的筆跡は、対照筆跡と異なった筆者によって記載された可能性がある。

（２）筆者識別目的筆跡は、対照筆跡と異なった筆者によって記載された可能性が推測される。

５．４手法の７方法のうち、筆者識別目的筆跡と対照筆跡は同一筆者、同一筆者によって記載された可能性が高と判断された割合と、異なった筆者、異なった筆者によって記載された可能性高と判断された場合割合が４：３か３：４の場合

筆者識別目的筆跡と対照筆跡間の筆者識別は困難である。

筆者識別手法の流れをチャート１に示す。

使用筆跡を決定後、スキャナで読取り、筆字（文字）を１２×１２ｃｍ程度に拡大

↓

筆字（文字）ごとに基線と測定点（座標点）を決定後、基線をｙ軸上に配置後、
基線の長さと測定点（座標点）のｘ座標、ｙ座標の数値を測定

↓

筆字（文字）から読取った測定点（座標点）の数値を１列（行）に配置
｛２筆字（文字）以上で、測定値（カテゴリー）数が５０以上が必要不可欠｝

↓

相関分析、共分散分析、クラスター分析、主成分分析、回帰分析（二筆跡間の筆者識
別）筆者識別（筆跡鑑定）を実行
（クラスター分析、主成分分析は鑑定対象筆跡が３筆跡以上必要）

↓

相関分析、共分散分析、クラスター分析、主成分分析、回帰分析（二筆跡間の筆者識
別）の筆者識別（筆跡鑑定）結果から、総合的に考察

↓

筆者識別目的筆跡が同一筆者か或いは異なった筆者によって記載されたかを判断

チャート１　筆者識別手法の流れ

第六章　筆者識別のための付加条件

　人が文字を記載するとき、さまざまな外部要因が加わる。

（1）筆者識別は、さまざまな外部要因が加わっても、正確に筆者識別ができるような方法でなければ意味がない。

（2）そのために、さまざまな外部要因が筆跡にどのような影響を与え、その影響が筆者識別にどの程度の作用を及ぼすのかを検討しておくことは、信頼性の高い筆者識別のためには必要不可欠である。

（3）さらに、筆跡そのものだけでなく、決められた位置への記載方法（配字バランス）や筆字の大きさ等も筆者識別に利用できる場合がある。

　そこで、これらのことを筆者識別（筆跡鑑定）の補強材料として利用するための方法について説明する。

第一節　記載方法（配字バランス）

　枠内や下線の引かれたところに住所氏名を記載するような場合、筆者によって記載位置にある程度の恒常性（類似した傾向）がある。

1　枠内における配字バランス

　筆跡の形状から筆者識別をおこなった結果、筆者の明らかな対照筆跡間との明確な判断ができないときなどに、枠内や下線の引かれた部分に記載された筆字の位置を数値化して筆跡そのものから得られた数値に加え筆者識別をおこなうことがある。

（1）枠内や下線の引かれた部分に記載された筆字は、筆者識別に利用できる場合がある。

（2）原稿用紙のようなマス目のある用紙に1字ずつ記載されたような場合は、筆者は文字の配置についてあまり配慮することがないので筆者識別には利用しない。

（3）白紙に記載された場合は、筆者によってはある程度の恒常性が見られることもあるが、図1に示したように、枠内や下線の引かれたところに記載する場合と比較してやや恒常性（再現性）が低い。（枠は判りやすくするために記載後に加えた。）

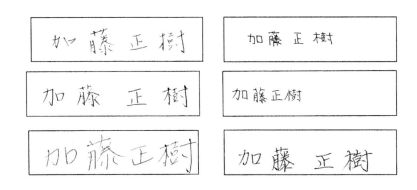

図1　白紙に記載された配字バランスの例

（4）枠内や下線の引かれたところに記載された筆跡の配字のパターンは、図2に示したように、筆者によって姓と名の間隔が開いた状態、左右いずれかの側によった状態、枠内や下線からはみ出した状態、枠内に記載された場合は枠の上下いずれかが空いた状態等がある。

（6）枠内の配字については、図2に示した「村瀬紅美」のように個人内変動が少なく配字バランスのよい（恒常性が高い）筆者もいるが、「小島明子」のように同一筆者が記載した筆跡でも、かなり恒常性の低い筆者もいる。

（7）枠内や下線の引かれたところに記載された筆跡の配字バランスによる筆者識別は、記載されている筆跡の筆者識別ほどの信頼性はない。

配字バランスの良い（個人内変動が小さく恒常性の良い）筆者

配字バランスの悪い（個人内変動が大きく恒常性のない）筆者

図2　配字バランスの個人内変動（恒常性）

2　枠内における配字の数値化

（1）枠内や下線の引かれた部分に記載された筆跡の配字バランスを数値化するには、ある程度の恒常性を確認後、枠や下線を含めた状態で拡大し図3に示したような方法で数値化する。

（2）測定値はカテゴリーごとにスケーリング処理（本書はオートスケーリング処理）されるので、原点の位置が異なっても筆者識別結果にほとんど影響はない。

1．枠内筆跡の数値化方法

（1）枠の下線左端下部や下線の左端を原点にし、枠の下線や下線をx軸、枠の下線左端下部や下線の左端からの垂線をy軸として、筆跡の決められた測定点（座標点）を計測する。

（2）枠の下線や下線をx軸とし、姓の最終文字の右端か名の初文字の左端を通るように引いた垂線をy軸として、筆跡の決められた測定点（座標点）を計測する。

（3）姓の最終文字の右端か名の初文字の左端を通るように引いた垂線をy軸とする数値化の方法は、筆字（文字）のどの部分を選択するのかが難しいので、対象とするすべての筆者識別対象筆跡に対して明確な基準が得られる場合以外はあまり使わないほうがよい。

（4）測定する筆字（文字）の測定点（座標点）は、あくまで配字についての測定であるから各文字の一画の筆導入部と右端の筆止部か筆の方向が変わる部位にとどめ

る。
（５）基線は枠の縦か横の長さや下線の長さを用いる方法等があるが、もし、同じ大きさの枠や下線の長さのものならば測定値そのままを用いてもよい。

２．枠内筆跡の数値化例

「加藤正樹」筆跡について、ｘ軸、ｙ軸の設定と筆字のを数値化した例を図３に示す。

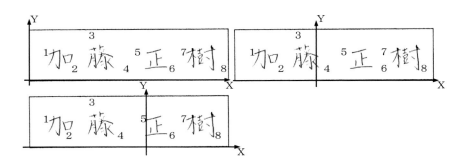

図３　「加藤正樹」筆跡の配字バランスの数値化方法
番号は測定点（座標点）

図２の「村瀬紅美」筆跡の配字バランスの数値化は、
（１）枠の左端下を原点とし、枠の下線をｘ軸、左側の縦枠をｙ軸
（２）枠の下線をｘ軸とし、「瀬」の十九画の筆導入部を通る直線をｙ軸
（３）枠の下線をｘ軸とし「紅」の一画の筆転折部を通る直線をｙ軸
とする３方法で軸の位置と測定点（座標点）を決める。
（４）各筆字（文字）の一画の筆導入部、「村」の六画、「瀬」の十四画の筆転折部、「紅」「美」の九画の筆導入部のｘ、ｙ座標点を測定し、数値化する。
（５）得られた測定値は、当然どの方法でもｙ座標の数値は同一となる。
（６）さらに、ｘ座標の数値も枠の左端下を原点とした方法を基本として考えれば、他の方法は一定の数値を加減するだけなのでどの方法でも測定値（カテゴリー）内の数値間変動（分散）に全く違いはない。
（７）従って、どの方法で枠内や罫線上に記載された筆字を数値化してもよいことになるが、姓の最終文字の右端か名の初文字の左端を通るように引いた垂線をｙ軸とする数値化の方法は、文字のどの部分を測定点（座標点）として選択するのかが難しい。
（８）一般的には枠の下線左端下部や下線の左端からの垂線をｙ軸とする方法を用いる。
図２に示した「村瀬紅美」と「小島明子」の筆跡を、枠の左端下を原点とした方法で測定した結果を表１に示す。

表1　図2の「村瀬紅美」、「小島明子」筆跡の配字バランス測定結果

カテゴリー番号		1	2	3	4	5	6	7	8	9	10	11	12	13	14	15	16
筆跡番号	1M	24	9	36	0	43	10	59	11	77	12	31	3	90	14	92	5
	2M	25	7	37	−1	45	9	61	11	78	12	82	3	90	15	92	5
	3M	23	7	35	−2	44	10	59	9	76	13	80	2	91	14	93	4
	4M	22	7	36	0	44	9	60	11	77	13	82	3	91	15	94	4
	5M	22	7	34	0	45	11	61	11	82	12	86	2	97	15	98	4
	1G	32	16	44	7	49	19	59	9	72	11	81	15	86	14	92	2
	2G	40	19	51	7	54	19	65	12	72	12	79	18	92	17	93	3
	3G	38	15	48	4	51	16	61	11	69	9	79	15	84	13	89	2
	4G	39	16	53	6	56	17	64	12	76	12	87	16	91	13	98	0
	5G	46	16	59	9	62	17	72	11	77	10	86	14	94	13	99	2

M:村瀬紅美; G:小島明子

筆字（文字）：すべて4倍に拡大後、枠の左端下を原点として測定

「村瀬紅美」筆跡は、各文字の一画の筆導入部、「村」の六画、「瀬」の十四画筆転折部、「紅」「美」の九画の筆導入部のx、y座標点を測定

「小島明子」筆跡は、各文字の一画の筆導入部、「小」の三画の筆止部、「島」の六画の筆転折部、「明」の七画の筆転折部、「子」の二画の筆止部のx、y座標点を測定

　表1から明らかなように、「村瀬紅美」は配字バランスの再現性（恒常性）が高いので、測定値（カテゴリー）内の数値間変動（分散）が小さく筆者識別（筆跡鑑定）に補強材料として使用することができる。

　しかし、「小島明子」は配字バランスの再現性（恒常性）が悪く、カテゴリー内の数値間変動（分散）が大きくて筆者識別（筆跡鑑定）に補強材料として使用できないことは明らかである。

第二節　筆字（文字）の大きさ

　すでに説明したように、筆字（文字）を数値化するときに基線の長さで各座標点の数値を除しているので、筆字（文字）の大きさは見かけ上同じ大きさに補正される。その結果、筆者の特徴を示す筆字（文字）の大きさが考慮されなくなる。筆者識別目的筆跡や対照筆跡の筆字（文字）の大きさに恒常性がない場合以外は、細部の座標点（測定点）を測定して多変量解析法で筆者識別をおこなうときに、筆字（文字）の大きさを測定値（カテゴリー）として取り込むことが可能となる。

1　筆字（文字）の大きさを測定する方法

　筆字（文字）の大きさを測定する方法としては、図4に示したように、まず筆字（文字）の最上下左右部を通る長方形の枠を設定する。ついで、

（1）対角線の長さを計測する。
（2）筆字（文字）の特定の位置の長さを測定する。
（3）筆字（文字）の偏か旁の大きさを計測する。
等の方法がある。

2　筆字（文字）の大きさを数値化する方法

　筆字の大きさの数値化は、図4に示したように、まず筆字（文字）の最上下左右部を通る長方形の枠を設定後、破線の長さを計測し、座標点数値を破線の長さで除して筆字の大きさを揃える。

図4　「村瀬紅美」及び「小島明子」筆跡の筆字（文字）の大きさの測定方法

3　筆字（文字）の大きさの数値化例

　図2に示した「村瀬紅美」と「小島明子」の各5筆字（文字）の大きさを測定した結果を表2に示した。

（1）いずれの方法でも、計測した数値変動幅が10％以内であれば、筆跡には恒常性（再現性）があると判断し、測定した数値を筆者識別の補強材料として使用する。
（2）筆者識別（筆跡鑑定）に用いた対照筆跡のうち、1筆跡でも計測した数値変動幅が10％以上の場合は、数値変動幅が大きい筆跡のために、複数の筆者間の異同識

別が不可能となる可能性が高くなるので、同一筆者内の筆跡に恒常性がないものと判断し、筆者識別（筆跡鑑定）の補強材料として使用しない。

表2　「村瀬紅美」及び「小島明子」筆跡の筆字（文字）の大きさの測定結果

「村」

測定方法	筆跡番号 1M	2M	3M	4M	5M
対角線	20.0	20.5	21.0	21.5	21.0
特定位置	15.0	15.0	15.0	16.0	14.0
偏か傍	11.0	13.0	12.0	12.0	11.5

「瀬」

測定方法	筆跡番号 1M	2M	3M	4M	5M
対角線	22.5	22.5	23.0	22.0	23.0
特定位置	15.0	15.0	15.5	15.5	16.0
偏か傍	9.5	9.0	10.5	9.5	10.5

「紅」

測定方法	筆跡番号 1M	2M	3M	4M	5M
対角線	17.5	19.5	20.0	20.0	20.0
特定位置	10.0	11.0	12.0	11.5	11.5
偏か傍	12.5	13.0	14.0	13.5	14.0

「美」

測定方法	筆跡番号 1M	2M	3M	4M	5M
対角線	20.0	22.0	22.5	22.5	21.0
特定位置	10.0	10.0	11.0	12.0	12.5
偏か傍	15.0	15.0	15.5	15.0	15.5

「小」

測定方法	筆跡番号 1G	2G	3G	4G	5G
対角線	33.0	32.5	31.0	34.5	33.0
特定位置	15.0	16.5	15.0	17.5	15.0
偏か傍	14.0	13.0	13.0	13.0	12.5

「島」

測定方法	筆跡番号 1G	2G	3G	4G	5G
対角線	22.5	22.0	20.0	21.0	20.5
特定位置	14.0	13.5	11.5	10.5	12.0
偏か傍	20.5	20.0	17.5	19.5	17.5

「明」

測定方法	筆跡番号 1G	2G	3G	4G	5G
対角線	19.0	21.5	19.5	21.5	21.0
特定位置	15.0	16.5	15.0	16.5	15.5
偏か傍	7.0	7.0	5.5	8.0	6.0

「子」

測定方法	筆跡番号 1G	2G	3G	4G	5G
対角線	20.5	19.0	15.5	18.0	21.5
特定位置	13.0	14.0	12.0	14.5	12.0
偏か傍	15.5	13.0	10.5	12.0	17.5

筆字（文字）：すべて4倍に拡大後測定
（1）対角線：文字の上下左右の筆導入部や筆止部最外側を結んだ長方形の対角線を測定
（2）特定位置：すべての文字の一画の筆導入部と、「村」は六画の筆止部、「瀬」は十画の筆導入部、「紅」は九画の筆導入部、「美」は七画の筆止部、「小」は三画の筆止部、「島」は七画の筆転折部、「明」は六画の筆止部、「子」は二画の筆止部を結んだ長さを測定
（3）偏か旁：「村」は二画、「瀬」は一画と三画の筆導入部、「紅」は一画の筆導入部と六画の筆止部、「美」は一画の筆導入部と八画の筆止部、「小」は一画、「島」は一画の筆導入部と七画の筆止部、「明」は一画の筆導入部と二画の筆止部、「子」は三画の長さを測定

（3）筆字（文字）の大きさを揃えるのに、特にどの方法が優れているというわけではない。

85

（４） 通常は、筆導入部（始筆部）や筆止部（終筆部）を結んで作った長方形の対角
線の長さを計測した数値を使用することが多い。

（５） 実際の筆者識別では、記載されている多くの筆者識別目的筆跡の大きさが異な
っている場合が多く、特別の場合を除いて筆者識別には使用しない。

第三節　誤字誤用

　誤字には漢字の誤り、俗字、あて字、略字、誤用などがある。

1　誤字

（1）漢字の誤りは、明らかに異なった文字を記憶してしまった結果、誤字を継続して用いている場合である。

（2）この場合の誤字は、本来の文字と類似したものが使われている場合が多い。

（3）多用されている誤字は、例えば「未来」の「未」を「末」と書くように、1本の字画の長短が異なっている場合や、点画を加えたり、1本の字画を書かなかったりする。

（4）これらの文字は、恒常性があれば、形態的に筆者の特徴として捉えることができる

（5）コンピュータによる筆者識別では、同じように誤字として記載されていたり、誤用として用いられていたりする場合に限り、筆者識別のための測定点（座標点）として読取る。

（6）図2に示した「小島明子」の筆跡は、「島」筆跡の六画が書かれているが、図5に示した「小島明子」の筆跡は、「島筆跡」の六画がすべて書かれていない。従って、図5に示した対照筆跡では「島」筆跡の六画の筆導入部と筆止め部の座標点の測定値はすべて0（ゼロ）となり、筆者識別に影響を与える。従って、図2と図5の筆跡の筆者識別に対しては、図5の「島」筆跡の六画の筆導入部と筆止め部の座標点は測定しないで筆者識別をおこなう。

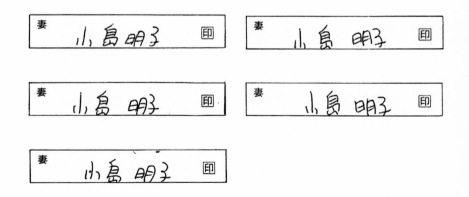

図5　誤字筆跡の例

2　俗字

（1）俗字は字画を変えた文字で、「恥」を「耻」と書くように公的に認められたもの

ではないが広く用いられており、暗黙のうちに一般的な了解を得ている造字といえる。

（２）多くの人が使用しているので、必ずしも俗字で記載されているか否かは筆者識別に有効とは限らない。

（３）俗字と正字では、文字としての形状が異なるので、俗字と正字とで異なる画を測定点（座標点）として読取るのは、筆者識別に用いている筆者識別目的筆跡と対照筆跡が同様な俗字を使用している場合に限られる。

3　あて字

あて字は広辞苑によれば、「漢字本来の意味にかかわらず、音や訓を借りてあてはめる表記。また、その漢字」と定義されている。

（１）あて字には、「アジア」を「亜細亜」、「めでたい」を「目出度い」や「芽出度い」と表示したり、「でたらめ」を「出鱈目」と表示したりする用法である。

（２）あて字を用いた筆者識別は、筆者識別目的筆跡と対照筆跡のすべてが、同じあて字を使用している場合だけ筆者識別対象筆跡として取扱うことができる。

4　略字

略字は広辞苑によれば「字画の複雑な漢字の点画を省いて簡略にした文字。または、その漢字に代用される字形の簡略な文字」と定義されている。

（１）略字には、「應」を「応」、「學」を「学」、「實」を「実」、「寫」を「写」、「縣」を「県」、「釋」を「釈」等とかなりの数になる。

（２）現在では簡略化した文字が、正字として扱われている場合が多い。

（３）従って、特殊な簡略化をしていない限り、略字による記載方法が筆者の特徴を示しているとは一概にいえない。

（４）略字で正字と異なる画を測定点（座標点）として読取るのは、筆者識別目的筆跡と対照筆跡のすべてが同じような略字を使用している場合に限られる。

5　誤用

誤用は音や訓読みが同じであるために誤って用いられたもので、同訓異字、同音異議語と呼ばれている。「御用始め」を「御用初め」、「議員会館」を「議院会館」等がある。

（１）コンピュータによる筆者識別では、筆者識別目的筆跡と対照筆跡が同じように誤用されている場合にのみ測定点（座標点）として読取る。

（２）通常、いつも誤字を記載しているとは限らず、記載するときに偶発的に誤って記載してしまった可能性が否定できない。

（３）すべての対照筆跡に誤字が認められ、筆者識別目的筆跡に誤字が認められない場合でも、記載時期が異なると対照筆跡と同様な誤字を記載しない場合も考えられるので、筆者識別には使用しない。

第四節　筆圧と筆速（運筆速度）

　文字を書くときに、筆記用具から紙に加えられる力を筆圧という。

1　筆圧

筆圧には個人差がある。

（1）下の紙に跡が残るほど強く書く。

（2）ほとんど力を入れないで書く。

（3）病気や加齢等で体力が衰えてくると筆圧も弱くなる。

2　筆速（運筆速度）

筆速（運筆速度）は筆記具の動く速さのことである。

（1）一般的には、ある画を書くとき筆導入部（始筆部）は遅いが、しだいに速くなり筆止部（終筆部）近辺でまた遅くなる。

（2）画から画へ筆が移動する速さには、個人差がある。

3　筆速（運筆速度）とインクの付着量

（1）インクの付着量は、筆記具によって若干の差はあるが、運筆速度が遅く丁寧に記載した場合のように、通常筆圧の強いところや筆速の遅いところはインク（染料）の付着量が多い。

（2）それに対し、筆圧の弱いところや運筆速度の速いところは、インクの付着量が少ない。

（3）コンピュータによる筆者識別では、このことを筆者識別の補強材料として用いる場合がある。

（4）インクの付着量を筆者識別に用いる方法は、

（ア）スキャナを用いて筆跡を画像として取込み、筆跡全体を画像処理する。

（イ）インクの付着量の多い部分や筆圧の強い部分を明確にする。

（ウ）一般的に、インクの付着量の多い部分や筆圧の強い部分は黒くなり、そうでない部分は着色程度が低くなる。

（エ）図6に示したように、「樹」は一、二、三、六、七、十三、十四、十六画の筆導入部や一、二、五、七、十、十四、十六画の筆止部（終筆部）は着色程度がやや強い。

（オ）さらに、三画の筆導入部がこの方法で始めて明確になり、本来筆止め部である五、七、十三画が筆を抜くように記載

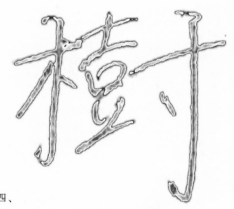

図6　筆圧と筆順

濃い部分は筆圧の強い（筆運の遅い）部分で一般的にインクの付着量が多い

89

されていることもわかるし、全体的に濃淡が繰返されていることからボールペンで記載されていることがわかる。

（５）筆圧筆速を各画の筆導入部（始筆部）から最後までの画の中心部分に対して、赤（R）、緑（G）、青（B）の明度を測定する方法がある。

（ア）筆圧が強くて筆速の遅い部分は明度が小さく、筆圧の弱いところや筆速の速いところは明度が大きい。

（イ）図６の画像処理する前の筆跡のR、G、Bの明度を測定した表３の結果から、筆速と二、五、十、十四、十六画は明確に筆が止められていることが推測できる。

（ウ）従って、表３のようなパターンをコンピュータで比較することも筆者識別の補強材料となる。

（６）さらに、画像処理は一画と二画、五画と六画、十四画と十五画の交差する部分の着色の濃い部分の流れから、図６の「樹」のように筆順がわかる。

（７）このように、画像処理をおこなうことで、筆圧や筆速だけでなく筆の運び（筆順）も明らかとなる。

（８）この方法は作為筆跡の判断にも利用することができる。

表３　「樹」筆字（文字）の各画の明度

一画

	1	2	3	4	5	6	7	8	9	10	11	12	13	14	15	16	17	18
赤（R）	136	81	53	57	82	52	82	46	68	26	77	87	73	46	78	52	69	71
緑（G）	88	48	5	20	54	21	50	8	14	5	20	23	16	16	40	17	0	4
青（B）	147	83	45	44	73	39	77	51	62	20	71	84	68	38	71	46	80	81

二画

	1	2	3	4	5	6	7	8	9	10	11	12	13	14	15	16	17	18	19	20
赤（R）	59	93	182	94	82	63	68	76	70	80	82	74	78	68	62	41	40	45	47	39
緑（G）	0	42	137	64	46	31	40	58	53	58	53	48	51	38	37	12	5	16	23	0
青（B）	61	110	211	99	91	54	57	84	76	87	72	52	78	55	61	40	54	36	56	36

	21	22	23	24	25	26	27	28	29	30	31	32	33	34	35	36	37	38	39	40
赤（R）	74	69	37	55	64	34	42	80	57	84	34	70	67	54	93	126	56	30	1	1
緑（G）	47	34	14	19	16	0	14	52	23	52	0	16	14	11	61	82	27	0	0	0
青（B）	74	65	33	45	41	19	40	74	51	88	21	47	41	32	101	140	47	2	0	0

三画

	1	2	3	4	5	6	7	8	9	10	11	12	13	14	15	16	17	18	19	20
赤（R）	84	86	61	86	62	90	87	75	92	87	104	105	96	102	103	127	128	106	142	143
緑（G）	41	44	25	61	35	57	60	50	74	54	75	67	66	88	53	82	118	85	106	115
青（B）	93	59	43	84	56	87	85	88	102	78	104	98	96	100	108	117	139	112	132	138

四画

	1	2	3	4	5	6	7	8	9	10
赤（R）	124	158	9	46	58	88	75	98	77	66
緑（G）	106	140	0	16	25	70	41	81	59	62
青（B）	134	171	0	30	54	91	70	105	68	69

五画

	1	2	3	4	5	6	7	8	9	10	11	12	13	14	15	16	17
赤（R）	42	111	27	94	59	73	47	70	68	56	68	54	90	51	96	35	28
緑（G）	10	100	0	51	37	46	17	50	14	11	42	11	46	6	55	0	18
青（B）	42	105	20	89	56	79	45	58	63	57	65	54	84	55	89	26	5

六画

	1	2	3	4	5	6	7	8	9	10	11
赤（R）	91	164	168	93	51	45	62	69	69	65	40
緑（G）	46	144	141	49	24	7	33	50	39	22	6
青（B）	102	179	184	95	54	34	59	77	69	53	27

七画

	1	2	3	4	5	6	7	8	9	10	11	12	13	14	15	16	17
赤（R）	109	198	190	71	68	60	26	27	37	61	70	12	66	56	50	63	58
緑（G）	74	191	172	21	56	3	0	0	6	25	27	1	16	6	12	30	18
青（B）	119	219	184	48	56	54	40	41	26	56	39	18	65	59	55	54	48

八画

	1	2	3	4	5	6	7	8	9	10	11	12
赤（R）	174	152	175	76	57	73	86	75	63	81	106	114
緑（G）	160	146	149	43	16	49	78	44	56	59	81	91
青（B）	175	160	177	71	56	65	84	174	48	58	102	118

九画

	1	2	3	4	5	6	7	8	9	10	11	12	13	14	15	16	17	18	19	20
赤（R）	137	172	153	123	62	39	61	67	82	59	74	88	51	33	48	87	76	73	86	89
緑（G）	113	174	151	124	20	58	29	35	32	19	37	29	22	0	17	54	41	39	58	52
青（B）	154	196	153	107	43	42	57	65	67	62	73	87	52	40	42	88	77	48	87	84

十画

	1	2	3	4	5	6	7	8	9	10	11	12
赤（R）	183	163	115	65	78	53	80	63	44	16	16	73
緑（G）	156	138	84	40	15	28	23	0	18	4	0	52
青（B）	191	167	106	63	72	44	80	52	42	16	13	69

十一画

	1	2	3	4	5	6	7	8
赤（R）	72	167	172	112	76	56	59	57
緑（G）	50	176	159	74	36	15	19	14
青（B）	65	168	169	108	61	52	58	44

十二画

	1	2	3	4	5	6	7	8	9	10
赤（R）	193	167	162	159	63	91	70	93	112	125
緑（G）	164	156	154	128	20	39	41	63	71	95
青（B）	191	179	181	170	55	70	63	80	100	119

十三画

	1	2	3	4	5	6	7	8	9	10	11	12	13	14	15	16	17	18	19	20
赤（R）	112	149	108	41	53	60	58	22	24	47	65	76	63	87	70	108	148	185	193	217
緑（G）	115	152	70	3	10	23	19	0	0	9	53	66	50	51	37	77	135	164	174	203
青（B）	132	167	98	41	46	47	46	1	18	22	61	75	67	91	73	115	162	190	202	223

十四画

	1	2	3	4	5	6	7	8	9	10	11	12	13	14	15	16	17	18	19
赤（R）	55	41	73	55	33	46	64	74	55	36	62	55	84	94	83	51	62	58	39
緑（G）	39	30	55	40	0	16	47	33	15	1	21	17	52	57	52	36	13	19	0
青（B）	26	31	77	52	25	47	62	68	50	43	51	55	83	103	76	60	40	43	46

十五画

	1	2	3	4	5	6	7	8	9	10	11	12	13	14	15	16	17	18	19	20
赤（R）	182	213	186	138	81	60	44	104	88	86	71	60	52	53	61	65	83	84	82	75
緑（G）	168	200	156	105	45	33	10	80	60	46	34	34	18	26	37	32	50	48	41	37
青（B）	194	219	196	153	91	65	33	96	98	90	74	61	53	52	56	68	79	71	64	74

	21	22	23	24	25	26	27	28	29	30	31	32	33	34	35	36	37	38	39	40
赤（R）	58	81	76	71	63	83	108	102	89	91	76	90	71	85	63	70	65	59	94	90
緑（G）	28	4	32	39	22	51	82	68	59	48	46	57	45	53	20	29	49	32	65	55
青（B）	52	81	77	69	49	70	102	97	75	76	62	81	65	85	59	69	73	53	94	93

十六画

	1	2	3	4	5	6	7	8	9	10	11	12
赤（R）	94	75	127	108	97	109	16	28	25	40	20	18
緑（G）	57	43	120	97	83	78	1	2	3	3	0	0
青（B）	79	57	144	114	109	79	0	6	9	26	3	0

第五節　筆記具

　筆跡は、筆記具によって筆勢や筆圧が異なり、筆を抜く部位のある画の長さが違ってくる。従って、筆勢や筆圧も筆者識別の要素として筆者識別をおこなっている。従来の方法では、筆記具が異なると筆者識別に影響を与える場合がある。異なった筆記具を用い、同一筆者によって記載された同一筆跡の例を図7に示す。

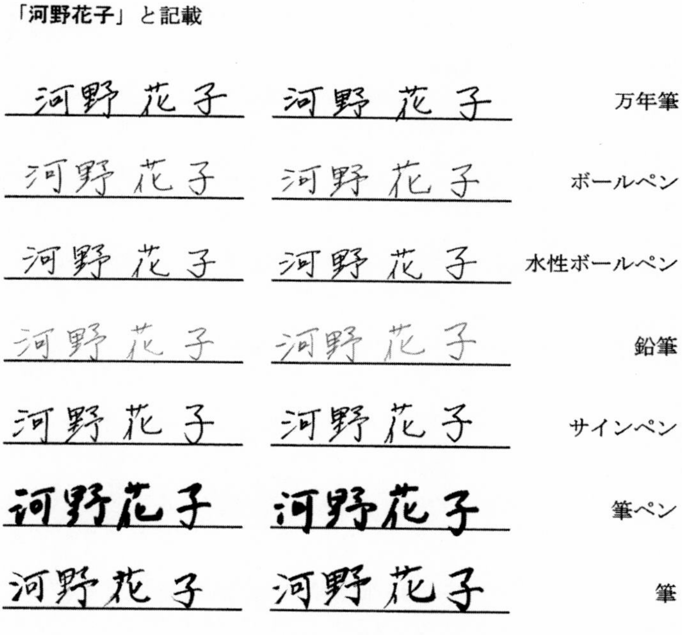

「河野花子」 と記載

河野花子	河野花子	万年筆
河野花子	河野花子	ボールペン
河野花子	河野花子	水性ボールペン
河野花子	河野花子	鉛筆
河野花子	河野花子	サインペン
河野花子	河野花子	筆ペン
河野花子	河野花子	筆

図7　筆記具の違いによる同一筆者による筆跡

（1）図7に示した筆記具の異なる「河野花子」筆跡を、図8に示したような方法で基線を引き番号順に測定点（座標点）を読取る方法で筆跡を 140 個の補正値（カテゴリー）に数値化した。

（2）ついで、図7の 14 筆跡から最大ユークリッド距離をカテゴリー数で除した値、相関係数値、共分散等の5数値（カテゴリー）と、筆者識別に使用可能な個人内変動幅を持つデータベースの 50 個を用いて、筆記具の違いが筆者識別に影響を与えるか否かを検討した。

（3）その結果、図9に示したように、筆記具による個人内変動幅は、筆者識別に使用可能な範囲内の個人内変動幅であると判断された。

図 8　「河野花子」筆跡の基線の取方と測定点の位置

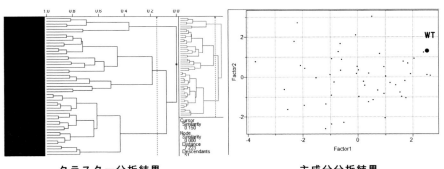

クラスター分析結果　　　　　　　　　　主成分分析結果

図 9　筆記具の違いによる個人内変動幅
筆記具による変動（バラツキ）が大きいが、筆記具の違いに関係なく同一筆者と判断可能

（**ア**）クラスター分析結果：140 個の補正値（カテゴリー）をオートスケーリングした数値を用いたクラスター分析では、図 10 左側に示したように、筆ペンと筆によって記載された筆跡と、それ以外の筆記具で記載された筆跡との類似度の数値が 0.226 を示し、筆ペンと筆で記載した筆跡が分離した結果を示した。

（**イ**）主成分分析分析結果：140 個の補正値（カテゴリー）を用いた主成分分析では、累積寄与率が 90％以上になるのに第七主成分までを必要としていることから、やや信頼性は低いが、図 10 右側に示したように、筆以外で記載された筆跡はほぼ同一と考えられる分布状態を示した。

（**4**）二筆跡間の筆者識別結果：二筆跡間の筆者識別結果では、図 11 に示したように、筆記具に関係なく同一筆者か同一筆者の可能性高と判断された。

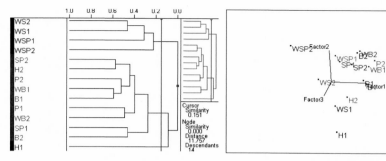

クラスター分析結果   主成分分析結果

WSP, WS と他の筆記具間の類似度の数値：0.226

図10　筆記具が筆跡に与える影響

H：万年筆；B：ボールペン；WB：水性ボールペン；P：鉛筆；
SP：サインペン；WBP：筆ペン；WP：筆

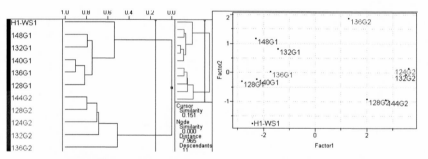

クラスター分析結果（G1 の右側：0.200）   主成分分析結果

二筆跡間の筆者識別結果（H1-WS1）

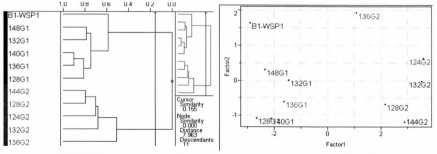

クラスター分析結果（G1 の右側：0.171）   主成分分析結果

二筆跡間の筆者識別結果（B1-WSP1）

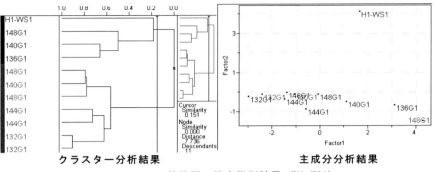

クラスター分析結果　　　　　　　　　　　主成分分析結果

G1のみの二筆跡間の筆者識別結果　（H1-WS1）

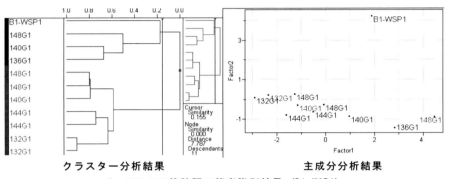

クラスター分析結果　　　　　　　　　　　主成分分析結果

G1のみの二筆跡間の筆者識別結果　（B1-WSP1）

図11　筆記具が筆跡に与える影響
H：万年筆；B：ボールペン；WB：水性ボールペン；P：鉛筆；
SP：サインペン；WBP：筆ペン；WP：筆

1　筆記部の異なる筆跡間の筆字の形状

　図9～11に示した、個人内変動、クラスター分析、主成分分析、二筆跡間の筆者識別結果から、筆ペンと筆で記載された筆跡は、その他の筆記具で記載されたとは筆字（文字）形状がやや異なっている。

2　筆記部の異なる筆跡間の筆者識別の注意点

　個人内変動幅が筆者識別に使用可能な50個のデータベースを用いた個人内変動幅について検討した。

（1）筆ペンや筆で記載された筆跡は筆者識別に使用可能と判断されている。

（2）しかし、ボールペンや万年筆等で記載された筆跡と、筆ペンや筆で記載された筆跡間の筆者識別結果は、異なった筆者によって記載された可能性と判断される場合がある。

（３）信頼性の高い筆者識別結果を得るためには、できれば筆ペンや筆で記載された筆跡は使用しないほうがよい。

（４）筆者識別目的筆跡が筆ペンや筆で記載されており、対照筆跡に筆ペンや筆で記載された筆跡が無い場合は、止むを得ず筆ペンや筆で記載された筆跡とボールペンや万年筆等で記載された筆跡と間の筆者識別をおこなうことになるが、得られた筆者識別結果は、慎重に取扱う必要がある。

第六節　記載時期

　一般的に、対照筆跡は記載時期が大きく異なった筆跡が含まれている場合が多い。

（１）特に、高齢や病気で体力が弱った状態で記載された筆跡は、健康なときに記載された筆跡と形状が大きく異なってくる場合がよく認められる。

（２）しかし、筆導入部（始筆部）、終筆止部（終筆部）、筆転折部の位置には大きな変化は認められないので、測定点（座標点）を用いた筆者識別が可能となる。

（３）しかしながら、人によっては健康でも、最近記載された筆跡と 10〜20 年前に記載された筆跡の形状が異なってくる場合がある。

（４）従って、筆者識別では、対照筆跡はできる限り筆者識別目的筆跡の記載時期と近似した筆跡を用いたほうがよい。

（５）約 500 筆跡グループについて筆者識別をおこなった結果から、30%程度の筆者が、５年以上経過すると筆跡の形状に若干の変化が認められ、個人内変動が大きくなった。

1　記載時期が筆跡に影響を与える条件

　記載時期が筆跡に影響を与える条件として、

（１）経年による筆跡の形状の変化

（２）病気

（３）高齢化による筋肉の衰えや震え

等がある。

2　太陽光（紫外線、可視光線、赤外線）によるインク等の劣化

（１）筆記具の染料や顔料が蛍光灯や太陽光に曝されると退色する。

（２）筆跡が記載されている用紙が淡黄色に着色する。

（ア）記載されている筆跡の色が、記載直後と時間経過したものと比較して肉眼的にはまったく変化がないように見えても、詳細に観察すると微妙に色合いが異なっている。

（イ）この違いから、同一の紙面上に記載された筆跡が、同時に記載されたものか、或いは後で書き直しや書き足しがおこなわれているか否かの判断が可能となる場合がある。

（ウ）但し、保管状態が染料の劣化等に大きく影響するので注意が必要である。

3　筆跡に書き加えがあるか否かの判断

　書き加えは、筆字内に画を加える場合と筆字を加える場合がある。

　筆跡に書き加えがあるか否かの判断は、

（１）筆字中の筆記具の染料等を分析する。

（２）同一（同一メーカー）種類の筆記具を用いて記載しても、製造時期が異なっていれば染料が異なっている場合が多い。

（３）同時に製造した筆記具以外は、同一製品でもロットによって微妙に染料等の配合が異なり、染料等の分析をおこなえば記載時期の違いが明らかになる場合がある。

（４）筆記具の染料の分析は、

（ア）筆跡の一部を削り取り化学分析する方法があるが、筆跡の一部を破壊するためにあまりおこなわれていない。

（イ）その代わりに、染料の付着の多い筆跡の一部を選択し、選択した部位の輝度のヒストグラムを作成し、そのパターンを比較することで、同時に記載されたか否かを判断する方法がある。

4　記載時期の違いと筆者識別結果

記載時期（年差）の大きく異なる、対照筆跡の個人内変動の例を表4に示す。

表4　記載時期（年差）の大きい対照筆跡の個人内変動例

年差	クラスター分析		主成分分析	二筆跡間の筆者識別
	類似度の数値	筆者識別結果	筆者識別結果	筆者識別結果
6	0.039	同一筆者	同一筆者	同一筆者
7	0.076	同一筆者	同一筆者	同一筆者
7	0.139	異筆者の可能性	最終年が分離	最終年が異筆者の可能性
9	0.113	同一筆者の可能性	同一筆者	同一筆者
10	0.080	同一筆者	同一筆者	同一筆者
21	0.067	同一筆者	同一筆者	同一筆者
25	0.076	同一筆者	同一筆者	同一筆者
25	0.132	異筆者の可能性	初年が分離	初年が異筆者の可能性
29	0.130	異筆者の可能性	初年が分離	初年が異筆者の可能性
37	0.119	同一筆者の可能性	同一筆者	同一筆者

5　信頼性のある筆者識別を得るための対照資料の選択

表4から明らかなように、

（１）信頼性の高い筆者識別結果を得るためには、筆者識別に用いる対照筆跡は、できるかぎり筆者識別目的筆跡と記載時期の近い筆跡を選択することが重要である。

（２）しかし、筆者識別目的筆跡と対照筆跡を収集するのは困難な場合がある。

（３）そのような場合は、まず収集したすべての対照筆跡を用いて、筆者識別をおこなう。

（４）ついで、個人内変動を大きくしている特定の対照筆跡を除外した対照筆跡を用いて、再度筆者識別をおこなう。

（５）筆者識別結果は、報告書（鑑定書）に特定の対照筆跡特定の対照筆跡除外前と除外後の筆者識別結果を記載する必要がある。このとき、除外理由も併記することを忘れてはならない。

第七節　作為筆跡

作為筆跡には、筆者自身の筆跡（本人筆跡）と判断できないように記載する方法と、第三者の筆跡に類似するように記載する方法の 2 通りがある。

1　筆者自身の筆跡（本人筆跡）と判断できないように記載する方法

1．筆者自身の筆跡（本人筆跡）と判断できないような作為筆跡の作成

20〜60 歳代の年代ごとに男女各 3 名の合計 30 名に、図 12 に示したように上覧に本人筆跡を記載後，下欄に本人筆跡を参考にしながら本人筆跡と判断できないように作為筆跡を記載させた。

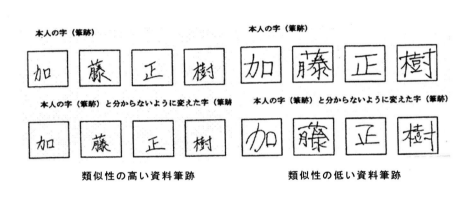

図 12　本人筆跡と作為筆跡

（1）作為方法は表 5 に示したように、

（ア）本人筆跡に対し筆字（文字）を小さくした者が 4 名

（イ）大きくした者が 4 名

（ウ）筆字（文字）に丸みを持たせた者が 7 名

（エ）角張った筆字（文字）に変えた者が 13 名

（オ）筆字（文字）を傾斜させた者が 2 名

（カ）丸字や角字などのように画の途中の運筆方法を変えた者が 20 名と全体の 2/3 であった。

表 5　筆跡の作為方法

性別	作為方法				
	小文字化	大文字化	丸字化	角字化	斜字化
男性	2	3	1	8	1
女性	2	1	6	5	1

（２）表５から明らかなように、

（ア）男性は約半数が角張った筆字（文字）に変えている。

（イ）女性は角張った筆字（文字）に変えたものが５名、筆字（文字）に丸みを持た
せたものが６名と、男女間で作為方法に違いがみられる。

（ウ）筆字（文字）に丸みを持たせた女性６名の年代は、20歳代が３名、30歳代が
２名、40が１名と若い年代に偏っていたが、その他の作為方法には年代による偏り
はみられなかった。

（エ）さらに、角張った筆字（文字）に変えた男性８名中２名、女性５名中３名が筆
字（文字）の大きさを変えて記載し、筆字（文字）に丸みを持たせた女性６名中２
名が筆字（文字）を小さく記載した。

（３）これらのことから、筆跡の作為方法は、

（ア）ほとんどの筆者が画の途中の運筆方法を変えたり、筆字（文字）の大きさを変
えたりして、目的を達成しようとしていることが窺がえる。

（イ）**このことは、筆導入部（初筆部）や筆止部（終筆部）、筆転折部を数値化してコ
ンピュータで筆者識別（筆跡鑑定）をおこなう本方法には、作為方法がそれほど大
きな影響を与えないことを示唆**している。

２．筆者自身の筆跡（本人筆跡）と判断できないようにした作為筆跡の筆者識別例

筆者自身の筆跡（本人筆跡）と判断できないように記載された筆跡についての筆者
識別方法について説明する。

（１）30名が記載した筆跡で、本人筆跡と作為筆跡の位置の変動が最も小さい状態（類
似性の高い筆跡）と最も大きい状態（類似性の低い筆跡）に記載された筆跡につい
て、基線の始点と終点を同一の位置にした状態を図13に示す。この方法は基線の
長さで除す方法と同じである。

類似性の高い筆跡　　　　　　　　　**類似性の低い筆跡**

図13　基線の位置で大きさを補正し揃えた本人筆跡と作為筆跡の比較

（２）図13の方法で筆跡の大きさを揃えた後、作為を持って記載しても、筆者自身
の筆跡と同一グループ（クラスター）として判断できるかどうかを検討した。

（３）同一人が記載した本人筆跡と作為筆跡を１つのグループ（クラスター）として
異なる２人の筆者間の筆者識別をおこなった。

（ア）その結果、28名は同一筆者によって記載されたと判断された。

（イ）残りの２名も同一筆者によって記載された可能性があると判断された。

（４）これらの結果から、筆跡の作為は本人筆跡の特徴を遺失していない範囲内でお
こなわれている可能性が高いことが明らかとなった。

3．筆者自身の筆跡（本人筆跡）と判断できないようにした作為筆跡の作為部位

（1）作為筆跡はいずれも主として筆字（文字）の下部や、最後の方で書く部分で作為をしている

（2）筆字（文字）全体の筆導入部（始筆部）、筆止部（終筆部）、筆転折部の位置を大きく変えるような作為はおこなわれていない。

（3）従って、記載時の状態が不明確か或いは作為の可能性が考えられるような筆跡については、筆字の下部や最後の方で書く部分を基線として選択しないように配慮すればよい。

2　第三者の筆跡に類似するように記載する方法

この方法は、よく筆者識別の対象となる項目である。

（1）30名の筆者に例示した筆跡と類似するよう記載させた作為筆跡を用いて、筆導入部（始筆部）、筆止部（終筆部）、筆転折部の位置の変動を検討した。

（2）その結果、本人筆跡と判断できないように記載させた場合と同様、主に筆字（文字）の下部や最後の方で書く部分で作為がおこなわれていた。

（3）作為方法は筆者自身の筆跡（本人筆跡）と判断できないように記載する方法とほとんど変わらないことが明らかとなった。

さらに、筆跡を画像処理すると、筆順や筆者識別目的筆跡と類似した形態にするために特定の画を書き足したか否かなどが明らかになる。

第七章　個人内変動幅と筆者識別結果の信頼性

　筆者識別をおこなうとき、対照筆跡グループの個人内変動幅は筆者識別結果に大きく影響する。

（１）個人内変動幅は、記載者によって異なり、極めて個人内変動の小さな筆跡から、筆者識別に困難をきたすような変動幅の大きな筆跡もある。

（２）個人内変動幅の小さな対照筆跡グループの場合は、極めて信頼性の高い筆者識別結果が得られる。

（３）個人内変動幅の大きな対照筆跡グループの場合は、信頼性の高い筆者識別結果は得られない。

（４）通常、対照筆跡グループは筆者識別依頼者によって選択されるので、筆者識別者は提出された対照筆跡は全て使用することになる。

１　筆者識別の概念

　筆者識別目的筆跡と対照筆跡グループ間との筆者識別の概念を図１に示す。

（１）対照筆跡グループの個人内変動幅は、図１の楕円の大きさに相当する。

（２）楕円の大きさが極めて小さければ、図１で同一筆者と判断された筆者識別目的筆跡が異なった筆者によって記載されたものと判断される。

（３）逆に、楕円の大きさが極めて大きければ、図１で異なった筆者と判断された筆者識別目的筆跡が同一筆者によって記載されたものと判断される。

（４）通常、筆者識別者は、依頼者によって提出された対照筆跡を、勝手に取捨選択することはできない。

（５）信頼性の高い筆者識別結果を得るために、対照筆跡グループの個人内変動幅を客観的に確認することは極めて重要である。

２　対照筆跡グループの個人内変動幅を確認する方法

　対照筆跡グループの個人内変動幅を確認は、

（１）相関係数と参考として行う共分散係数の絶対値

（２）対照筆跡グループ中の２筆跡を用いた、二筆跡間の筆者識別

から、確認できる。特に、相関係数による確認は信頼性が高い。

３　対照筆跡グループの個人内変動幅を確認後の筆者識別

　対照筆跡グループの個人内変動幅が客観的に確認でき、妥当と判断されれば、筆者識別目的筆跡と対照筆跡グループの関係は、図１に示したようになる。

１．筆者識別目的筆跡と対照筆跡（楕円）との位置関係

　筆者識別目的筆跡と対照筆跡（楕円）との位置関係は、

（１）クラスター分析

（２）主成分分析

（３）二筆跡間の筆者識別

結果から得られる。

従って、多変量解析法を用いた筆者識別は、図1の筆者識別目的筆跡と対照筆跡（楕円）との位置関係を数値として示していることになる。

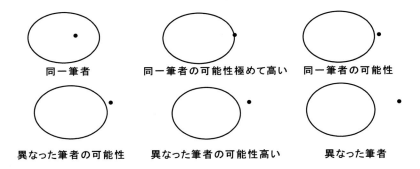

図1　筆者識別（筆跡鑑定）の模式図
●：筆者識別目的筆跡(S)；◯：筆者の明らかな対照筆跡(R)

２．図1から見た筆者識別

　図1は、筆者識別目的筆跡(S)と対照筆跡(R)間の個人内変動幅と筆者識別の判断の概念を、理解しやすくするために二次元で示した。筆者識別は筆者識別目的筆跡(S)と対照筆跡(R)の分布状態を確認することである。

（１）筆者識別は筆者識別目的筆跡が対照筆跡グループの個人内変動幅（◯）から離れているか近似しているか、個人内変動幅（◯）の内部に分布していか否かを判断している。

（２）対照筆跡グループの個人内変動幅が、筆者識別結果に大きく影響する。

（ア）従って、最初に対照筆跡の個人内変動幅を確認し、個人内変動幅の大きな対照筆跡に対しては、最新の注意を払って筆者識別をおこなう必要がある。

（イ）相関分析で特定の筆跡に相当する数値が異なった筆者によって記載されたと判断される閾値ならば、対照筆跡内に筆者の異なる筆跡が混入されていると疑って筆者識別をおこなう必要がある。

（ウ）異なった筆者によって記載されたと判断されるた対照筆跡があれば、すべての対照筆跡を用いた場合と、異なった筆者によって記載されたと判断された対照筆跡相関分析で、数値が基準から離脱している筆跡を除いた対照筆跡を用いて筆者識別をおこなう必要がある。

（３）筆者識別の判断は、この個人内変動幅(◯)をどのようにして第三者が納得できるように表示でき、筆者識別目的筆跡と対照筆跡の分布状態から得られた結果をどう表現するかである。

（４）図1に示したような筆者識別目的筆跡(S)と対照筆跡グループ(R)との関係を、可能な限り客観的に表現するために、クラスター分析、主成分分析、二筆跡間の筆者識別を用いている。

個人内変動幅の確認結果から、対照筆跡が信頼性の高い筆者識別か得られるか否かの判断は、主として、対照資料のみから作成した筆者識別対象資料（資料）を用いておこなっている。

3　対照筆跡の個人内変動の確認方法

対照筆跡グループの個人内変動幅が筆者識別結果に大きく影響するので、対照筆跡の個人内変動幅の確認基準（閾値）は極めて重要である。。

個人内変動幅の確認基準（閾値）

相関分析		共分散分析絶対値	
グループ内の最小値	個人内変動幅	グループ内の最大値	個人内変動幅
R≧0.97000	極めて小さい	0.00250≧R	極めて小さい
R≧0.95000	かなり小さい	0.00500≧R	かなり小さい
R≧0.93000	小さい	0.00750≧R	小さい
R≧0.90000	やや大きい	0.01000≧R	やや大きい
0.90000＞R	大きい	0.15000＞R	大きい

クラスター分析		筆者識別対象資料（資料）間	
類似度の数値	個人内変動幅	G1グループ	個人内変動幅
R≦0.100	かなり小さい	すべて：グループ内	かなり小さい
0.100＜R≦0.125	小さい	1／4≧グループ内	小さい
0.125＜R≦0.150	やや大きい	1／3≧グループ内	やや大きい
0.150＜R	大きい	1／3＜グループ外	大きい

個人内変動幅の確認基準（閾値）が極めて小さいから、小さいまでの範囲ならば、対照筆跡グループの個人内変動を考慮しないで、筆者識別をおこなっても問題はない。

4　筆者識別結果の信頼性

対照筆跡グループの個人内変動幅が大きいと、

（1）クラスター分析結果から得られる、類似度を最大ユークリッド距離で除した値は、微量ではあるが小さくなる。

（2）主成分分析結果から得られる、第二主成分を第一主成分で除した値は、微量ではあるが大きくなる。

その結果、これらの方法に対する筆者識別結果は、筆者識別目的筆跡と対照筆跡が、異なった筆者によって記載されていても、同一筆者の可能性があると誤判断する可能性がある。

（3）対照筆跡グループの一部の筆跡の個人内変動幅が、相関分析等で大きいと判断された場合は、何度も記載しているが、

（ア）すべての対照筆跡を用いて筆者識別をおこなう。

（イ）個人内変動幅の大きな筆跡を除いた対照筆跡を用いて筆者識別をおこなう。

の2方法をおこなうことが必要不可欠である。

第八章　筆者識別の実例

　今までに，コンピュータによる筆者識別の方法が数多く報告されており、信頼性の高い筆者識別が可能となってきている。ここでは、前章までに説明してきた方法で、筆者識別目的筆跡と筆者の明らかな複数の対照筆跡（対照筆跡グループ）を用いて筆者識別をおこなう方法について説明する。

1　筆者識別

　筆者識別は、依頼者が提出した、筆者が明らかでない筆者識別目的筆跡と筆者が明らかな対照筆跡を用いて、筆者識別目的筆跡が対照筆跡記載者と同一筆者によって記載されたか否かを判断する方法である。

　実際におこなわれている筆者識別は、裁判の当事者間で了承された筆者の明らかな対照筆跡と筆者識別目的筆跡を比較検討する場合がほとんどである。

2　筆者識別目的筆跡の選択

（１）記載者が高齢や病気で筋肉等が衰えてくると筆跡に影響を与えるが、このような状態で記載された筆跡が筆者識別目的筆跡として提出される場合が多い。

（２）筆者識別目的筆跡は、筆者識別では除外しない。

3　対照筆跡の選択

　依頼者が提出した、筆者の明らかな対照筆跡は、

（１）長さを計測する物差しと同じで、対照筆跡グループを筆者識別の基準としているので、対照資料の選択は極めて重要である。

（２）提出された対照筆跡グループの個人内変動が極めて大きいと、信頼性の高い筆者識別をおこなうことはできない。

（３）個人内変動の要因は、

（ア）異なった筆者によって記載された筆跡を、誤って同一筆者の筆跡として選択し、対照筆跡グループに加えてしまった。

（イ）記載時期が数十年も離れた対照筆跡を選択した。

場合等が考えられる。

（４）個人内変動が極めて大きな対照筆跡がグループ内にあると筆者識別に影響を与える。

（ア）裁判の当事者間で了承された対照筆者なので、原則として提出された全ての対照筆跡を用いて筆者識別をおこなう。

（イ）個人内変動が極めて大きな対照筆跡を除外して筆者識別をおこなう。

（５）筆者識別は、二方法ともおこない、二方法とも報告書に記載する。

4　筆者識別結果の判断

　コンンピュータによる筆者識別は、

（１）相関分析

（２）共分散分析（参考）

（３）クラスター分析

（4） 主成分分析
（5） 二筆跡間の筆者識別
から得られた結果を総合的に考察しておこなう。

第一節　筆者識別目的筆跡と対照筆跡が同一筆者によって記載された筆跡

　ここでは、筆者識別目的筆跡と対照筆跡を用いて筆者識別（筆跡鑑定）をおこなう方法について説明する。

　説明のために用いた筆者識別目的筆跡(S1)と対照筆跡(R1〜R5)を図1に示した。

図1　筆者識別目的筆跡（Ｓ1）と対照筆跡（Ｒ1〜Ｒ5）
S1：筆者識別目的試料
R1〜R5：筆者の明らかな対照試料

第一項　筆跡の数値化

1　筆跡の数値化のための基線と測定点（座標点）の決定
（1）筆者識別対象筆跡〔筆者識別目的筆跡(S1)と対照筆跡(R1〜R5)〕をスキャナで読取る。

（2）スキャナで読取った筆跡を構成している各筆字を、10〜15 cm×10〜15 cm程度に拡大する。

（3）拡大した各筆字を印刷する。

（4）印刷した各筆字を観察して、基線や測定点（座標点）として読取り可能な比較的明確に記載されている筆導入部（始筆部）、終筆部（筆止部）、筆転折部等を決定する。（コンピュータの画面上でおこなってもよい。）

（5）決定した測定点（座標点）から、可能な限り長くなるように明確に記載されている2点を基線として選択する。（コンピュータの画面上でおこなってもよい。）

（6）「河村正則」筆跡の基線の長さと測定点（座標点）を図2に示した。
（7）筆字の大きさを揃えるための基線を2通りに設定したのは、設定した基線の位置が筆者の特徴を示している可能性があるためである。

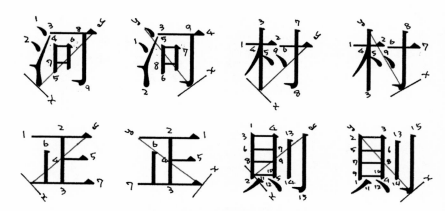

図2 「河村正則」筆跡の基線と測定点（座標点）
基線の長さ:Y軸の長さ; 座標点（番号順に測定）

2 筆跡の数値化

（1）印刷した筆跡上に1mm方眼紙を当てる。（コンピュータの画面上でおこなってもよい。）

（2）決定した基線がy軸にくるようにする。（コンピュータの画面上でおこなってもよい。）

（3）基線の長さと測定点の座標をx、yの順に読取る。（コンピュータの画面上でおこなってもよい。）

（ア）図2から「河」筆字（文字）は9個の測定点（座標点）に2通りの基線を設定しているので、測定値（カテゴリー）数は、基線の数2に9測定点（座標点）のx，y座標値9×2から36個（数値）となる。

（イ）「村」筆字は2×（9×2）＝36

（ウ）「正」筆字は2×（7×2）＝28

（エ）「則」筆跡は2×（15×2）＝60

（オ）「河村正則」筆跡は 36＋36＋28＋60＝160 の補正値で示されることになる。

（4）この作業を、筆者識別目的筆跡(S1)と対照筆跡(R1～R5)についておこなう。

（5）読取る測定点（座標点）の順序は図2の番号通りでなくてもよいが、S1とR1～R5すべてについて、読み取る順序は同じにしなければならない。

（6）読取った「河村正則」筆跡の基線の長さと測定点（座標点）の数値を表1に示した。

表 1 「河村正則」筆跡の基線の長さと測定点（座標点）の数値

「河」

基線と	筆者識別対象資料						
測定点	R1	R2	R3	R4	R5	S1	S2
基線	75	68	68	75	61	70	60
1	-36	-29	-30	-29	-26	-27	-28
2	31	35	33	26	32	24	28
3	-25	-23	-15	-19	-19	-16	-21
4	15	12	18	13	12	7	4
5	-17	-13	-12	-12	-9	-9	-9
6	36	41	32	38	35	40	30
7	-5	-4	0	-3	-4	-1	-3
8	32	38	30	37	32	35	30
9	5	4	6	4	3	6	3
10	29	31	27	34	25	31	23
11	-1	2	3	1	1	3	3
12	48	42	43	50	41	43	36
13	8	7	9	9	5	9	7
14	24	30	31	32	24	29	22
15	-4	0	2	1	3	3	2
16	63	59	54	61	52	57	46
17	29	33	29	33	32	32	29
18	37	25	30	36	26	37	20

	R1	R2	R3	R4	R5	S1	S2
基線	67	63	59	63	60	61	59
1	-17	-22	-15	-15	-19	-19	-27
2	57	52	43	56	50	54	45
3	-34	-29	-32	-31	-29	-29	-25
4	35	28	27	38	29	41	24
5	3	9	0	9	4	11	4
6	49	47	40	45	43	40	36
7	40	35	36	43	32	38	34
8	27	40	31	27	35	25	31
9	-1	7	-1	6	2	4	4
10	36	37	29	35	36	33	30
11	-5	2	-4	2	-4	0	-2
12	24	28	22	29	29	26	24
13	14	12	12	18	12	11	11
14	30	34	27	30	33	29	26
15	-11	1	0	-1	-4	-3	-2
16	23	26	19	24	26	24	20
17	29	27	23	28	22	25	21
18	32	38	28	28	32	24	27

110

「村」

基線と測定点	筆者識別対象資料						
	R1	R2	R3	R4	R5	S1	S2
基線	73	63	54	59	54	55	55
1	−31	−28	−25	−24	−30	−30	−24
2	2	3	−6	8	5	5	3
3	−23	−20	−17	−21	−19	−18	−19
4	34	31	26	34	35	36	29
5	−34	−31	−27	−32	−27	−27	−24
6	25	20	16	25	23	26	21
7	−23	−17	−15	−17	−16	−17	−15
8	20	16	14	27	19	21	17
9	−15	−12	−11	−9	−10	−9	−9
10	14	8	5	10	8	18	10
11	−15	−10	−7	−9	−7	−6	−8
12	32	37	22	31	29	30	30
13	−16	−17	−12	−16	−13	−9	−11
14	52	51	40	52	45	46	46
15	29	24	26	31	22	24	25
16	24	25	15	19	20	19	20
17	−1	1	0	−1	−2	2	−1
18	28	31	23	25	25	25	26

	R1	R2	R3	R4	R5	S1	S2
基線	64	55	54	64	50	52	49
1	−23	−16	−22	−17	−18	−21	−18
2	61	54	50	53	50	52	46
3	9	9	9	9	13	12	7
4	53	43	44	53	43	45	44
5	−25	−23	−15	−22	−21	−22	−20
6	29	26	26	29	20	23	33
7	−5	−4	−2	−6	−3	−5	−4
8	52	43	42	48	39	43	39
9	−11	−13	−11	−13	−15	−6	−11
10	43	37	36	37	30	35	31
11	8	14	5	8	7	6	9
12	46	33	34	40	29	33	32
13	48	39	38	36	32	32	35
14	30	19	27	35	25	29	24
15	27	29	24	27	23	23	26
16	41	38	39	51	36	37	35
17	3	8	7	3	3	2	5
18	30	23	26	33	24	23	25

「正」

基線と				筆者識別対象資料			
測定点	R1	R2	R3	R4	R5	S1	S2
1	−19	−13	−13	−15	−15	−12	−17
2	25	28	25	25	30	29	23
3	−6	−2	−6	−6	−5	−3	−3
4	37	37	30	34	40	37	38
5	11	13	7	9	10	12	12
6	15	19	13	20	21	24	20
7	5	5	1	4	3	4	4
8	32	30	23	29	30	33	26
9	7	9	8	8	7	9	8
10	38	40	36	42	39	45	38
11	−5	−3	−5	−6	−5	−4	−4
12	15	22	14	17	17	19	19
13	31	37	30	39	30	39	27
14	30	35	27	43	36	45	35

	R1	R2	R3	R4	R5	S1	S2
基線	51	50	44	58	46	54	46
1	23	19	21	18	18	18	19
2	29	34	31	35	28	35	23
3	10	6	4	4	9	6	10
4	37	38	37	45	35	43	28
5	−12	−13	−13	−13	−12	−12	−10
6	22	26	23	35	22	23	19
7	4	0	−3	−3	−2	0	−3
8	26	32	29	37	27	37	26
9	11	9	9	8	6	9	8
10	23	26	23	29	23	29	18
11	−12	−7	−13	−11	−15	−12	−7
12	38	41	36	51	37	49	34
13	−26	−29	−27	−29	−31	−30	−26
14	34	41	32	51	35	51	35

「則」

基線と	筆者識別対象資料						
測定点	R1	R2	R3	R4	R5	S1	S2
1	−29	−24	−24	−27	−26	−23	−21
2	32	25	13	28	18	26	29
3	1	−2	0	−1	−3	−1	−2
4	9	10	3	9	5	15	11
5	−24	−21	−22	−19	−22	−18	−24
6	30	31	18	32	23	27	27
7	−18	−17	−16	−16	−16	−14	−19
8	43	43	36	47	39	43	43
9	5	5	7	4	9	4	2
10	20	21	11	25	15	20	24
11	−13	−14	−11	−12	−13	−11	−14
12	24	24	16	24	19	23	26
13	−11	−11	−9	−8	−10	−9	−12
14	34	34	28	37	29	36	37
15	−9	−8	−6	−6	−7	−7	−7
16	20	16	11	14	11	19	18
17	−7	−6	−4	−4	−5	−4	−6
18	33	27	24	32	26	31	32
19	1	2	3	4	5	5	3
20	20	20	16	24	19	26	23
21	4	4	4	4	5	6	3
22	20	21	15	23	18	25	23
23	8	9	8	8	10	7	7
24	9	11	7	17	10	15	14
25	2	2	5	4	3	1	0
26	41	40	34	50	35	39	43
27	18	14	12	14	9	12	13
28	29	33	28	35	30	30	29
29	43	35	33	37	32	38	33
30	23	33	25	31	27	27	29

	R1	R2	R3	R4	R5	S1	S2
基線	73	59	59	64	59	61	56
1	−17	−16	−15	−21	−16	−12	−17
2	40	39	36	39	38	39	36
3	−1	6	3	3	3	3	−2
4	67	55	55	56	55	57	59
5	13	16	21	17	19	17	14
6	63	49	46	52	47	53	54
7	−6	−7	−8	−5	−9	−6	−6
8	39	30	27	32	25	31	31
9	−5	−4	−1	−5	−3	−3	−5
10	56	49	45	49	47	50	49
11	4	7	12	7	8	11	8
12	56	44	40	45	42	47	46
13	−9	−11	−5	−15	−10	−6	−10
14	51	44	41	43	41	45	41
15	4	0	6	2	4	5	3
16	51	40	37	40	37	42	41
17	−28	−27	−18	−29	−22	−26	−28
18	40	39	37	39	36	39	34
19	−11	−7	−2	−6	−3	0	−5
20	41	32	30	33	29	31	31
21	−5	−7	−3	−6	−5	−1	−6
22	39	32	30	33	29	31	31
23	−17	−18	−14	−13	−14	−11	−15
24	33	28	27	29	24	28	26
25	14	12	14	19	13	13	14
26	43	31	26	32	29	37	24
27	3	3	7	4	6	3	0
28	26	21	20	22	22	26	22
29	35	39	38	37	33	36	27
30	48	29	25	36	29	38	35

3 筆跡識別に用いた補正値

表1に示した「河村正則」筆跡の各筆字を基線の長さで除すと、表2に示したような数値になる。表2の数値を用いて筆者識別をおこなった。

表2 筆跡識別に用いた「河村正則」筆跡の補正値

補正値	筆者識別対象資料						
番号	R1	R2	R3	R4	R5	S1	S2
1	−0.48000	−0.42647	−0.44118	−0.38667	−0.42623	−0.38571	−0.46667
2	0.41333	0.51471	0.48529	0.34667	0.52459	0.34286	0.46667
3	−0.33333	−0.33824	−0.22059	−0.25333	−0.31148	−0.22857	−0.35000
4	0.20000	0.17647	0.26471	0.17333	0.19672	0.10000	0.06667
5	−0.22667	−0.19118	−0.17647	−0.16000	−0.14754	−0.12857	−0.15000
6	0.48000	0.60294	0.47059	0.50667	0.57377	0.57143	0.50000
7	−0.06667	−0.05882	0.00000	−0.04000	−0.06557	−0.01429	−0.05000
8	0.42667	0.55882	0.44118	0.49333	0.52459	0.50000	0.50000
9	0.06667	0.05882	0.08824	0.05333	0.04918	0.08571	0.05000

10	0.38667	0.45588	0.39706	0.45333	0.40984	0.44286	0.38333
11	-0.01333	0.02941	0.04412	0.01333	0.01639	0.04286	0.05000
12	0.64000	0.61765	0.63235	0.66667	0.67213	0.61429	0.60000
13	0.10667	0.10294	0.13235	0.12000	0.08197	0.12857	0.11667
14	0.32000	0.44118	0.45588	0.42667	0.39344	0.41429	0.36667
15	-0.05333	0.00000	0.02941	0.01333	0.04918	0.04286	0.03333
16	0.84000	0.86765	0.79412	0.81333	0.85246	0.81429	0.76667
17	0.38667	0.48529	0.42647	0.44000	0.52459	0.45714	0.48333
18	0.49333	0.36765	0.44118	0.48000	0.42623	0.52857	0.33333
19	-0.25373	-0.34921	-0.25424	-0.23810	-0.31667	-0.31148	-0.45763
20	0.85075	0.82540	0.72881	0.88889	0.83333	0.88525	0.76271
21	-0.50746	-0.46032	-0.54237	-0.49206	-0.48333	-0.47541	-0.42373
22	0.52239	0.44444	0.45763	0.60317	0.48333	0.67213	0.40678
23	0.04478	0.14286	0.00000	0.14286	0.06667	0.18033	0.06780
24	0.73134	0.74603	0.67797	0.71429	0.71667	0.65574	0.61017
25	0.59701	0.55556	0.61017	0.68254	0.53333	0.62295	0.57627
26	0.40299	0.63492	0.52542	0.42857	0.58333	0.40984	0.52542
27	-0.01493	0.11111	-0.01695	0.09524	0.03333	0.06557	0.06780
28	0.53731	0.58730	0.49153	0.55556	0.60000	0.54098	0.50847
29	-0.07463	0.03175	-0.06780	0.03175	-0.06667	0.00000	-0.03390
30	0.35821	0.44444	0.37288	0.46032	0.48333	0.42623	0.40678
31	0.20896	0.19048	0.20339	0.28571	0.20000	0.18033	0.18644
32	0.44776	0.53968	0.45763	0.47619	0.55000	0.47541	0.44068
33	-0.16418	0.01587	0.00000	-0.01587	-0.06667	-0.04918	-0.03390
34	0.34328	0.41270	0.32203	0.38095	0.43333	0.39344	0.33898
35	0.43284	0.42857	0.38983	0.44444	0.36667	0.40984	0.35593
36	0.47761	0.60317	0.47458	0.44444	0.53333	0.39344	0.45763
37	-0.42466	-0.44444	-0.46296	-0.40678	-0.55556	-0.54545	-0.43636
38	0.02740	0.04762	-0.11111	0.13559	0.09259	0.09091	0.05455
39	-0.31507	-0.31746	-0.31481	-0.35593	-0.35185	-0.32727	-0.34545
40	0.46575	0.49206	0.48148	0.57627	0.64815	0.65455	0.52727
41	-0.46575	-0.49206	-0.50000	-0.54237	-0.50000	-0.49091	-0.43636
42	0.34247	0.31746	0.29630	0.42373	0.42593	0.47273	0.38182
43	-0.31507	-0.26984	-0.27778	-0.28814	-0.29630	-0.30909	-0.27273
44	0.27397	0.25397	0.25926	0.45763	0.35185	0.38182	0.30909
45	-0.20548	-0.19048	-0.20370	-0.15254	-0.18519	-0.16364	-0.16364
46	0.19178	0.12698	0.09259	0.16949	0.14815	0.32727	0.18182
47	-0.20548	-0.15873	-0.12963	-0.15254	-0.12963	-0.10909	-0.14545
48	0.43836	0.58730	0.40741	0.52542	0.53704	0.54545	0.54545
49	-0.21918	-0.26984	-0.22222	-0.27119	-0.24074	-0.16364	-0.20000
50	0.71233	0.80952	0.74074	0.88136	0.83333	0.83636	0.83636
51	0.39726	0.38095	0.48148	0.52542	0.40741	0.43636	0.45455
52	0.32877	0.39683	0.27778	0.32203	0.37037	0.34545	0.36364
53	-0.01370	0.01587	0.00000	-0.01695	-0.03704	0.03636	-0.01818
54	0.38356	0.49206	0.42593	0.42373	0.46296	0.45455	0.47273
55	-0.35938	-0.29091	-0.40741	-0.26563	-0.36000	-0.40385	-0.36735
56	0.95313	0.98182	0.92593	0.82813	1.00000	1.00000	0.93878
57	0.14063	0.16364	0.16667	0.14063	0.26000	0.23077	0.14286
58	0.82813	0.78182	0.81481	0.82813	0.86000	0.86538	0.89796
59	-0.39063	-0.41818	-0.27778	-0.34375	-0.42000	-0.42308	-0.40816
60	0.45313	0.47273	0.48148	0.45313	0.40000	0.44231	0.67347

61	−0.07813	−0.07273	−0.03704	−0.09375	−0.06000	−0.09615	−0.08163
62	0.81250	0.78182	0.77778	0.75000	0.78000	0.82692	0.79592
63	−0.17188	−0.23636	−0.20370	−0.20313	−0.30000	−0.11538	−0.22449
64	0.67188	0.67273	0.66667	0.57813	0.60000	0.67308	0.63265
65	0.12500	0.25455	0.09259	0.12500	0.14000	0.11538	0.18367
66	0.71875	0.60000	0.62963	0.62500	0.58000	0.63462	0.65306
67	0.75000	0.70909	0.70370	0.56250	0.64000	0.61538	0.71429
68	0.46875	0.34545	0.50000	0.54688	0.50000	0.55769	0.48980
69	0.42188	0.52727	0.44444	0.42188	0.46000	0.44231	0.53061
70	0.64063	0.69091	0.72222	0.79688	0.72000	0.71154	0.71429
71	0.04688	0.14545	0.12963	0.04688	0.06000	0.03846	0.10204
72	0.46875	0.41818	0.48148	0.51563	0.48000	0.44231	0.51020
73	−0.37255	−0.26000	−0.27083	−0.30000	−0.29412	−0.23529	−0.34694
74	0.49020	0.56000	0.52083	0.50000	0.58824	0.56863	0.46939
75	−0.11765	−0.04000	−0.12500	−0.12000	−0.09804	−0.05882	−0.06122
76	0.72549	0.74000	0.62500	0.68000	0.78431	0.72549	0.77551
77	0.21569	0.26000	0.14583	0.18000	0.19608	0.23529	0.24490
78	0.29412	0.38000	0.27083	0.40000	0.41176	0.47059	0.40816
79	0.09804	0.10000	0.02083	0.08000	0.05882	0.07843	0.08163
80	0.62745	0.60000	0.47917	0.58000	0.58824	0.64706	0.53061
81	0.13725	0.18000	0.16667	0.16000	0.13725	0.17647	0.16327
82	0.74510	0.80000	0.75000	0.84000	0.76471	0.88235	0.77551
83	−0.09804	−0.06000	−0.10417	−0.12000	−0.09804	−0.07843	−0.08163
84	0.29412	0.44000	0.29167	0.34000	0.33333	0.37255	0.38776
85	0.60784	0.74000	0.62500	0.78000	0.58824	0.76471	0.55102
86	0.58824	0.70000	0.56250	0.86000	0.70588	0.88235	0.71429
87	0.45098	0.38000	0.47727	0.31034	0.39130	0.33333	0.41304
88	0.56863	0.68000	0.70455	0.60345	0.60870	0.64815	0.50000
89	0.19608	0.12000	0.09091	0.06897	0.19565	0.11111	0.21739
90	0.72549	0.76000	0.84091	0.77586	0.76087	0.79630	0.60870
91	−0.23529	−0.26000	−0.29545	−0.22414	−0.26087	−0.22222	−0.21739
92	0.43137	0.52000	0.52273	0.60345	0.47826	0.42593	0.41304
93	0.07843	0.00000	−0.06818	−0.05172	−0.04348	0.00000	−0.06522
94	0.50980	0.64000	0.65909	0.63793	0.58696	0.68519	0.56522
95	0.21569	0.18000	0.20455	0.13793	0.13043	0.16667	0.17391
96	0.45098	0.52000	0.52273	0.50000	0.50000	0.53704	0.39130
97	−0.23529	−0.14000	−0.29545	−0.18966	−0.32609	−0.22222	−0.15217
98	0.74510	0.82000	0.81818	0.87931	0.80435	0.90741	0.73913
99	−0.50980	−0.58000	−0.61364	−0.50000	−0.67391	−0.55556	−0.56522
100	0.66667	0.82000	0.72727	0.87931	0.76087	0.94444	0.76087
101	−0.45313	−0.35294	−0.41379	−0.46429	−0.46429	−0.36508	−0.37500
102	0.50000	0.36765	0.22414	0.32143	0.32143	0.41270	0.51786
103	0.01563	−0.02941	0.00000	−0.05357	−0.05357	−0.01587	−0.03571
104	0.14063	0.14706	0.05172	0.08929	0.08929	0.23810	0.19643
105	−0.37500	−0.30882	−0.37931	−0.39286	−0.39286	−0.28571	−0.42857
106	0.46875	0.45588	0.31034	0.41071	0.41071	0.42857	0.48214
107	−0.28125	−0.25000	−0.27586	−0.28571	−0.28571	−0.22222	−0.33929
108	0.67188	0.63235	0.62069	0.69643	0.69643	0.68254	0.76786
109	0.07813	0.07353	0.12069	0.16071	0.16071	0.06349	0.03571
110	0.31250	0.30882	0.18966	0.26786	0.26786	0.31746	0.42857
111	−0.20313	−0.20588	−0.18966	−0.23214	−0.23214	−0.17460	−0.25000
112	0.37500	0.35294	0.27586	0.33929	0.33929	0.36508	0.46429

113	-0.17188	-0.16176	-0.15517	-0.17857	-0.17857	-0.14286	-0.21429
114	0.53125	0.50000	0.48276	0.51786	0.51786	0.57143	0.66071
115	-0.14063	-0.11765	-0.10345	-0.12500	-0.12500	-0.11111	-0.12500
116	0.31250	0.23529	0.18966	0.19643	0.19643	0.30159	0.32143
117	-0.10938	-0.08824	-0.06897	-0.08929	-0.08929	-0.06349	-0.10714
118	0.51563	0.39706	0.41379	0.46429	0.46429	0.49206	0.57143
119	0.01563	0.02941	0.05172	0.08929	0.08929	0.07937	0.05357
120	0.31250	0.29412	0.27586	0.33929	0.33929	0.41270	0.41071
121	0.06250	0.05882	0.06897	0.08929	0.08929	0.09524	0.05357
122	0.31250	0.30882	0.25862	0.32143	0.32143	0.39683	0.41071
123	0.12500	0.13235	0.13793	0.17857	0.17857	0.11111	0.12500
124	0.14063	0.16176	0.12069	0.17857	0.17857	0.23810	0.25000
125	0.03125	0.02941	0.08621	0.05357	0.05357	0.01587	0.00000
126	0.64063	0.58824	0.58621	0.62500	0.62500	0.61905	0.76786
127	0.28125	0.20588	0.20690	0.16071	0.16071	0.19048	0.23214
128	0.45313	0.48529	0.48276	0.53571	0.53571	0.47619	0.51786
129	0.67188	0.51471	0.56897	0.57143	0.57143	0.60317	0.58929
130	0.35938	0.48529	0.43103	0.48214	0.48214	0.42857	0.51786
131	-0.23288	-0.27119	-0.25424	-0.32813	-0.27119	-0.19672	-0.30357
132	0.54795	0.66102	0.61017	0.60938	0.64407	0.63934	0.64286
133	-0.01370	0.10169	0.05085	0.04688	0.05085	0.04918	-0.03571
134	0.91781	0.93220	0.93220	0.87500	0.93220	0.93443	1.05357
135	0.17808	0.27119	0.35593	0.26563	0.32203	0.27869	0.25000
136	0.86301	0.83051	0.77966	0.81250	0.79661	0.86885	0.96429
137	-0.08219	-0.11864	-0.13559	-0.07813	-0.15254	-0.09836	-0.10714
138	0.53425	0.50847	0.45763	0.50000	0.42373	0.50820	0.55357
139	-0.06849	-0.06780	-0.01695	-0.07813	-0.05085	-0.04918	-0.08929
140	0.76712	0.83051	0.76271	0.76563	0.79661	0.81967	0.87500
141	0.05479	0.11864	0.20339	0.10938	0.13559	0.18033	0.14286
142	0.76712	0.74576	0.67797	0.70313	0.71186	0.77049	0.82143
143	-0.12329	-0.18644	-0.08475	-0.23438	-0.16949	-0.09836	-0.17857
144	0.69863	0.74576	0.69492	0.67188	0.69492	0.73770	0.73214
145	0.05479	0.00000	0.10169	0.03125	0.06780	0.08197	0.05357
146	0.69863	0.67797	0.62712	0.62500	0.62712	0.68852	0.73214
147	-0.38356	-0.45763	-0.30508	-0.45313	-0.37288	-0.42623	-0.50000
148	0.54795	0.66102	0.62712	0.60938	0.61017	0.63934	0.60714
149	-0.15068	-0.11864	-0.03390	-0.09375	-0.05085	0.00000	-0.08929
150	0.56164	0.54237	0.50847	0.51563	0.49153	0.50820	0.55357
151	-0.06849	-0.11864	-0.05085	-0.09375	-0.08475	-0.01639	-0.10714
152	0.53425	0.54237	0.50847	0.51563	0.49153	0.50820	0.55357
153	-0.23288	-0.30508	-0.23729	-0.20313	-0.23729	-0.18033	-0.26786
154	0.45205	0.47458	0.45763	0.45313	0.40678	0.45902	0.46429
155	0.19178	0.20339	0.23729	0.29688	0.22034	0.21311	0.25000
156	0.58904	0.52542	0.44068	0.50000	0.49153	0.60656	0.42857
157	0.04110	0.05085	0.11864	0.06250	0.10169	0.04918	0.00000
158	0.35616	0.35593	0.33898	0.34375	0.37288	0.42623	0.39286
159	0.47945	0.66102	0.64407	0.57813	0.55932	0.59016	0.48214
160	0.65753	0.49153	0.42373	0.56250	0.49153	0.62295	0.62500

補正値番号はカテゴリー番号と同じ

117

第二項　相関分析

　相関分析は、筆者識別目的筆跡と対照筆跡グループが同一筆者によって記載された
ものか否かの判断と、対照筆跡の個人内変動の確認について用いている。
1　筆者識別目的筆跡（1筆跡）と対照筆跡グループ間の相関分析
　筆者識別目的筆跡(S1)と対照筆跡グループ(R1～R5)間の相関分析結果から、筆者識
別目的筆跡が対照筆跡と同一の筆者によって記載されたものか否かを判断する。
1．筆者識別目的筆跡(S1)と対照筆跡グループ（R1～R5）間の相関関係
（1）筆者識別目的筆跡(S1)に対する対照筆跡グループ(R1～R5)間の相関係数を計算
する。
（2）得られた相関係数から、筆者識別目的筆跡(S1)が対照筆跡と同一の筆者によっ
　　て記載されたものか否かを閾値から判断する。閾値は、すでに第四章第一節の相関
　　分析のところで示したが、再度表3に示した。

表3　筆者識別対象筆跡間の相関係数(CC)と筆者識別結果

相関係数	筆者識別結果
CC≧0.97000	同一筆者
0.97000＞CC≧0.95000	同一筆者の可能性高
0.95000＞CC≧0.93000	同一筆者の可能性
0.93000＞CC≧0.92000	異なった筆者の可能性
0.92000＞CC≧0.90000	異なった筆者の可能性高
0.90000＞CC	異なった筆者

（3）筆者識別目的筆跡(S1)に対する対照筆跡グループ(R1～R5)間の相関係数は、表
　　4に示したように、いずれの対照筆跡に対しても相関係数が0.97000以上を示して
　　おり、筆者識別目的筆跡(S1)と対照筆跡グループ(R1～R5)は同一筆者によって記載
　　されたものと判断した。

表4　筆者識別目的筆跡(S1)に対する対照筆跡グループ(R1～R5)間の相関係数

	R1	R2	R3	R4	R5
S1	0.98193	0.98151	0.97647	0.98820	0.98577

2　筆者識別目的筆跡（2筆跡）と対照筆跡グループ間の相関分析
（1）表5に筆者識別目的筆跡（2筆跡）と対照筆跡グループ(R1～R5)間の相関係数
　　を示した。
（2）表5の相関係数から、**筆者識別目的筆跡（S1，S2）**と対照筆跡グループ(R1～
　　R5)の相関係数は、0.97000以上を示しており、筆者識別目的筆跡(S1，S2)と対照筆
　　跡グループ(R1～R5)は同一筆者によって記載されたものと判断した。
（3）筆者識別目的筆跡(S1，S2)間の相関係数は0.97824で、筆者識別目的筆跡(S1)と

筆者識別目的筆跡(S2)は同一筆者によって記載されたものと判断した。

表5　筆者識別目的筆跡(S1，S2)に対する対照筆跡グループ(R1～R5)間の相関係数

	R1	R2	R3	R4	R5	S1
S1	0.98193	0.98151	0.97647	0.98820	0.98577	—
S2	0.98316	0.98079	0.97010	0.97518	0.98094	0.97824

3　対照筆跡グループ(R1～R5)間の相関関係

（1）　対照筆跡間の個人内変動幅の確認を相関分析でおこなう。

（2）　対照筆跡間の相関係数が 0.93000 以上であれば、対照筆跡の個人内変動は小さいものと判断する。

（3）　対照筆跡グループ(R1～R5)間の相関係数を表6に示した。

表6　対照筆跡グループ(R1～R5)間の相関係数

	R1	R2	R3	R4
R2	0.98093			
R3	0.97920	0.98287		
R4	0.97875	0.98292	0.97982	
R5	0.98234	0.98918	0.98657	0.98661

（4）　表6の結果から、対照筆跡(R1～R5)の個人内変動は極めて小さい。

（5）　従って、対照筆跡グループ(R1～R5)を用いた、筆者識別目的筆跡(S1)及び筆者識別目的筆跡(S1, S2)と対照筆跡グループ(R1～R5)間の筆者識別結果の信頼性は極めて高いものと考えられる。

第三項　共分散分析

　筆者識別目的筆跡と対照筆跡グループが同一筆者によって記載されたものか否かの判断と、対照筆跡の個人内変動の確認について用いているが、共分散分析の結果は相関分析ほどの信頼性はない。

1　筆者識別目的筆跡（1筆跡）と対照筆跡グループ間の共分散分析

　筆者識別目的筆跡(S1)と対照筆跡グループ(R1～R5)間の共分散分析の結果から、筆者識別目的筆跡(S1)が対照筆跡と同一の筆者によって記載されたものか否かを判断する。

1．筆者識別目的筆跡(S1)と対照筆跡グループ(R1～R5)間の共分散係数絶対値

（1）　筆者識別目的筆跡(S1)に対する対照筆跡グループ(R1～R5)間の共分散係数から絶対値差を計算する。

（2）　得られた共分散係数絶対値差から、筆者識別目的筆跡(S1)が対照筆跡と同一の筆者によって記載されたものか否かを閾値から判断する。閾値は、すでに第四章第

二節の共分散分析のところで示したが、再度表7に示した。

表7　筆者識別対象筆跡間の共分散係数絶対値（CCA）と筆者識別結果

共分散絶対値差（CCA）	筆者識別結果
CCA≦0.00100	同一筆者
0.00100＜CCA≦0.00250	同一筆者の可能性高
0.00250＜CCA≦0.00500	同一筆者の可能性
0.00500＜CCA≦0.00750	異なった筆者の可能性
0.00750＜CCA≦0.01000	異なった筆者の可能性高
0.01000＜CCA	異なった筆者

（3）筆者識別目的筆跡(S1)に対する対照筆跡グループ(R1〜R5)間の共分散係数絶対値は、表8に示したように、R4は0.00100未満、R1, R2は対照筆跡に対して0.0025未満、R3, R5は0.00500未満を示した。

表8　筆者識別目的筆跡（S1）に対する対照筆跡グループ（R1〜R5）間との
共分散係数絶対値

	R1	R2	R3	R4	R5
S1	0.00021	0.00219	0.00254	0.00055	0.00289

（4）筆者識別は、筆者識別目的筆跡(S1)に対して、最も小さい共分散係数絶対値を示した対照筆跡とでおこなった。

（5）従って、筆者識別目的筆跡(S1)と対照筆跡グループ(R1〜R5)は同一筆者によって記載されたものと判断した。

2　筆者識別目的筆跡（2筆跡）と対照筆跡グループ間の共分散分析

（1）表9に筆者識別目的筆跡(S1, S2)と対照筆跡グループ(R1〜R5)間の共分散係数絶対値を示した。

表9　筆者識別目的筆跡（S1，S2））に対する対照筆跡グループ（R1〜R5）との
共分散分析係数絶対値

	R1	R2	R3	R4	R5	S1
S1	0.00021	0.00219	0.00254	0.00055	0.00289	—
S2	0.00223	0.00041	0.00348	0.00047	0.00166	0.00111

（2）表9の共分散係数絶対値から、**筆者識別目的筆跡（S1，S2）**と対照筆跡グループ(R1〜R5)は同一筆者によって記載されたものと判断した。

（3）筆者識別目的筆跡(S1, S2)間の共分散係数絶対値は0.00111で、筆者識別目的筆跡(S1)と筆者識別目的筆跡(S2)は同一筆者によって記載された可能性が高いものと判断した。

3　対照筆跡グループ(R1～R5)間の共分散分析

（１）　対照筆間の個人内変動幅の確認を共分散分析でおこなう。

（２）　対照筆跡間の共分散係数絶対値が 0.00500 未満であれば、対照筆跡の個人内変動は小さいものと判断する。

（３）　対照筆跡グループ(R1～R5)間の共分散係数絶対値を表 10 に示した。

表 10　対照筆跡グループ(R1～R5)間の共分散係数絶対値

	R1	R2	R3	R4
R2	0.00026			
R3	0.00581	0.00778		
R4	0.00125	0.00305	0.00198	
R5	0.00114	0.00024	0.00473	0.00012

（４）　表 10 の結果から、R1～R5 対照筆跡の個人内変動はやや大きい。

（５）　従って、対照筆跡グループ(R1～R5)を用いた筆者識別結果の信頼性はやや低いものと考えられる。すでに説明したように、共分散係数絶対値を用いた筆者識別結果は参考で、信頼性はそれほど高くない。

第四項　クラスター分析

　表 2 に示した、筆者識別目的筆跡(S1, S2)と対照筆跡(R1～R5)の「河村正則」の 5 筆跡の補正値をオートスケーリング処理後、重心法でクラスター分析をおこなう。

1　筆者識別目的筆跡（１筆跡）と対照筆跡グループのクラスター分析

1．類似度による筆者識別

（１）　筆者識別目的筆跡(S1)に対する対照筆跡グループ(R1～R5)を用いてクラスター分析をおこない、デンドログラムを作成する。

（２）　得られたデンドログラムの右端部分で最初に分割されている位置を類似度として読取る。

（３）　読取った類似度の数値から筆者識別をおこなう。

表 11　筆者識別対象筆跡間の類似度の数値(DS)と筆者識別結果

横軸の類似度の数値（ＤＳ）	筆者識別結果
DS≦0.100	同一筆者
0.100＜DS≦0.110	同一筆者の可能性高
0.110＜DS≦0.125	同一筆者の可能性
0.125＜DS≦0.140	異なった筆者の可能性
0.14＜DS≦0.150	異なった筆者の可能性高
0.150＜DS	異なった筆者

筆者識別目的筆跡が対照筆跡グループ内で結合：同一筆者

（４）類似度の数値から、筆者識別目的筆跡(S1)と対照筆跡が同一の筆者によって記載されたものか否かを閾値から判断する。閾値は、すでに第四章第三節のクラスター分析のところで示したが、再度表11に示した。

（５）図３に示したようなデンドログラムから明らかなように、筆者識別目的筆跡(S1)は対照筆跡(R1〜R5)グループ内で結合した。

（６）表11の閾値から、筆者識別目的筆跡(S1)と対照筆跡(R1〜R5)グループは同一筆者によって記載されたと判断した。

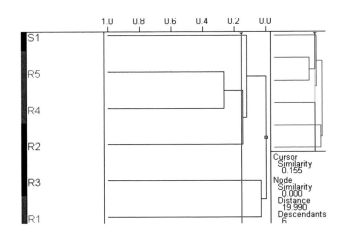

図３　クラスター分析結果

S1：筆者識別目的筆跡　　R1〜R5：対照筆跡

（７）筆者識別目的筆跡(S1)が対照筆跡(R1〜R5)グループ内で結合しているので関係ないが、R1, R3とS1, R2, R4, R5の２つのグループ（クラスター）に分割されており、類似度の数値は0.124である。

２．類似度を最大ユークリッド距離で除した値

すでに説明したように、クラスター分析から得られるデンドログラムの図は、

（１）類似性の高い筆跡間（同一筆者）では、異なっている部分が拡大される。

（２）類似性の低い筆跡間（異なった筆者）では、異なっている部分が縮小される。

（３）その結果、筆者識別目的筆跡と対照筆跡グループが、同一筆者によって記載されたにもかかわらず、異なった筆者によって記載されたと誤判断する。

（４）筆者識別目的筆跡と対照筆跡グループが、異なった筆者によって記載されたにもかかわらず、同一筆者筆者によって記載されたと誤判断する。

危険性がある。

（５）筆者識別目的筆跡と対照筆跡グループが、同一筆者によって記載された筆跡であれば最大ユークリッド距離は短く、異なった筆者によって記載された筆跡であれ

ば長くなる。

（6）従って、デンドログラムを最大ユークリッド距離で補正すれば客観的な筆者識別結果が得られる。

（7）デンドログラムを最大ユークリッド距離で補正する方法として、類似度の数値を最大ユークリッド距離で除す方法を用いている。

（8）類似度の数値を最大ユークリッド距離で除した数値から、筆者識別目的筆跡と対照筆跡が同一の筆者によって記載されたものか否かを、閾値から判断する。閾値は、すでに第四章第四節のクラスター分析のところで示したが、再度表 12 に示した。

表 12　筆者識別目的筆跡と対照筆跡が分離している類似度の数値を
最大のユークリッド距離で除す方法（DSY）による判断基準（閾値）

判定基準（DSY）	筆者識別結果
DSY≦0.0020	同一筆者
0.0020＜DSY≦0.0040	同一筆者の可能性高
0.0040＜DSY≦0.0060	同一筆者の可能性
0.0060＜DSY≦0.0080	異なった筆者の可能性
0.0080＜CDSY≦0.0100	異なった筆者の可能性高
0.0100＜DSY	異なった筆者

筆者識別目的筆跡が対照筆跡内で結合：同一筆者

（9）筆者識別目的筆跡(S1)が、対照筆跡(R1～R5)グループ内で結合しているので、S1 と R1～R5 間の筆者識別は必要ないが、類似度の数値を最大ユークリッド距離で除した数値は、類似 d の数値が 0.124、最大ユークリッド距離が 19.990 なので、0.124/19.990 = 0.0062 となり、R1, R3 と S1, R2, R4, R5 は異なった筆者によって記載された可能性と判断された。

2　筆者識別目的筆跡（2 筆跡）と対照筆跡グループのクラスター分析

1．類似度による筆者識別

（1）筆者識別目的筆跡(S1, S2)に対する対照筆跡グループ(R1～R5)を用いてクラスター分析をおこない、デンドログラムを作成する。

（2）得られたデンドログラムの右端部分で最初に分割されている位置を類似度として読取る。

（3）読取った類似度の数値から筆者識別をおこなう。

（4）類似度の数値から、筆者識別目的筆跡(S1, S2)と対照筆跡(R1～R5)が同一の筆者によって記載されたものか否かを閾値から判断する。閾値はすでに表 11 に示した。

（5）複数の筆者識別目的筆跡中の 1 筆跡でも対照筆跡(R1～R5)内で結合していれば、同一筆者によって記載されたものと判断する。

（6）図 4 に示したようなデンドログラムから明らかなように、筆者識別目的筆跡(S1,

123

S2)は対照筆跡(R1～R5)グループ内で結合している。

（7）この結果から、筆者識別目的筆跡(S1, S2)と対照筆跡(R1～R5)グループは同一
筆者によって記載されたと判断した。

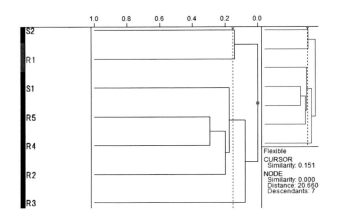

図4　クラスター分析結果
S1, S2：筆者識別目的筆跡　R1～R5：対照筆跡

（8）今回は、筆者識別目的筆跡(S1)が対照筆跡(R1～R5)グループ内で結合している
ので、S1, S2 と R1～R5 間の筆者識別は必要ないが、S2, R1 と S1, R2, R3, R4, R5
の２つのグループ（クラスター）に分割されており、類似度の数値は 0.141 である。

2．類似度を最大ユークリッド距離で除した値

（1）筆者識別目的筆跡(S1)が対照筆跡(R1～R5)グループ内で結合しているので、類
似度の数値を最大ユークリッド距離で除した数値から、筆者識別目的筆跡と対照筆
跡が同一の筆者によって記載されたものか否かを判断する必要はない。

（2）筆者識別目的筆跡(S1)が対照筆跡(R1～R5)グループ内で結合しているので関係
ないが、類似度の数値を最大ユークリッド距離で除した数値は、類似の数値が 0.141、
最大ユークリッド距離が 20.660 なので、0.141/20.660＝0.0068 となり、S2, R1 と
S1, R2, R3, R4, R5 は異なった筆者によって記載された可能性と判断された。

第五項　主成分分析

表２に示した、筆者識別目的筆跡(S1)と対照筆跡(R1～R5)の「河村正則」の５筆跡
の補正値をオートスケーリング処理後、主成分分析をおこなう。

1　筆者識別目的筆跡（１筆跡）と対照筆跡グループの主成分分析

1．分布図と第一主成分得点による筆者識別

（1）筆者識別目的筆跡(S1)と対照筆跡グループ(R1〜R5)を用いて主成分分析をおこなった。得られた第一〜三主成分得点の図示を図5に示した。

（2）第一、二、三主成分寄与率は、25.96677, 24.58749, 19.16744である。図は、これらの寄与率を考慮して図示している。

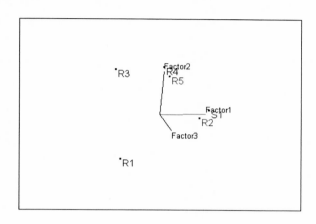

図5　主成分分析結果

S1：筆者識別目的筆跡　R1〜R5：対照筆跡

（3）筆者識別目的筆跡(S1)と対照筆跡グループ(R1〜R5)の第一主成分得点を表示する。

（4）図4に示した分布図と表 13 に示した第一主成分得点から、筆者識別をおこなう。

表 13　筆者識別目的筆跡(S1)に対する対照筆跡グループ(R1〜R5)の第一主成分得点

	S1	R1	R2	R3	R4	R5
第一主成分得点	8.37739	−5.88358	3.66421	−9.18615	2.03389	0.99423

（5）同一の筆者によって記載されたものか否かを、第一主成分得点の数値から判断した。

（6）判断するための閾値は、すでに第四章第四節の主成分分析のところで示したが、再度表 14 に示した。

（7）図4に示した分布図と表 13 に示した第一主成分得点から、筆者識別目的筆跡(S1)は対照筆跡(R2)と最も近似し、差が 4.71318 であることから、筆者識別目的筆跡(S1)と対照筆跡(R1〜R5)グループは同一筆者によって記載された可能性が高いものと判断した。

表 14　主成分分析による筆者識別のための第一主成分得点 (FPS) の判断基準

第一主成分得点値差 （F P S）	筆者識別結果
鑑定対象筆跡と対照筆跡が混合状態で分布	同一筆者
最も近似した対照筆跡との差 FPS＜1.00000	同一筆者の可能性高
最も近似した対照筆跡との差 1.00000≦FPS＜2.50000	同一筆者の可能性
最も近似した対照筆跡との差 2.50000≦FPS＜5.00000	異なった筆者の可能性
最も近似した対照筆跡との差 5.00000≦FPS＜7.50000	異なった筆者の可能性高
最も近似した対照筆跡との差 7.50000≦FPS	異なった筆者

２．第一ニ主成分寄与率を第一主成分寄与率類似度で除した値

　主成分分析もクラスター分析と同様、分布図と各主成分の主成分得点は、

（１）類似性の高い筆跡間（同一筆者）では、異なっている部分が拡大される。

（２）類似性の低い筆跡間（異なった筆者）では、異なっている部分が縮小される。

（３）その結果、筆者識別目的筆跡と対照筆跡グループが、同一筆者によって記載されたにもかかわらず、異なった筆者によって記載されたと誤判断する。

（４）筆者識別目的筆跡と対照筆跡グループが、異なった筆者によって記載されたにもかかわらず、同一筆者筆者によって記載されたと誤判断する。

危険性がある。

（５）筆者識別目的筆跡と対照筆跡グループが、同一筆者によって記載された筆跡であれば、全ての筆者識別対象筆跡の共通性が高い。

（６）その結果、第一主成分と第二主成分ともに全ての筆者識別対象筆跡から共通性が抽出されるので、第一主成分寄与率と第二主成分寄与率の数値は近似した数値となる。

（７）筆者識別目的筆跡と対照筆跡グループが異なった筆者によって記載された筆跡であれば、第一主成分は筆跡数の多い対照筆跡の共通性が抽出され、第二主成分で筆者識別目的筆跡の共通性が抽出される。

（８）その結果、第一主成分寄与率の数値は、第二主成分寄与率の数値より大きな数値となる。

（９）従って、第一主成分寄与率と第二主成分寄与率の数値を比較すれば、筆者識別目的筆跡と対照筆跡グループが同一筆者によって記載されたものか否かの判断が可能となる。

（10）第一主成分寄与率と第二主成分寄与率の数値を比較する方法として、第二主成分寄与率を第一主成分寄与率で除した数値を用いる。

（11）第二主成分寄与率を第一主成分寄与率で除した数値による筆者識別の閾値は、すでに第四章第四節の主成分分析のところで示したが、再度表 15 に示した。

（12）筆者識別目的筆跡(S1)と対照筆跡グループ(R1～R5)を用いた主成分分析結果から得られた第一主成分寄与率は 25.96677、第二主成分寄与率は 24.58749 から、第二主成分寄与率／第一主成分寄与率は 0.94688 となった。

（13）表 15 から、筆者識別目的筆跡(S1)と対照筆跡グループ(R1～R5)は同一筆者に

よって記載されたと判断した。

表15 第二主成分寄与率／第一主成分寄与率(CR)を用いた筆者識別の閾値

判定基準（CR）	筆者識別結果
CR≧0.80000	同一筆者
0.80000＞CR≧0.75000	同一筆者の可能性高
0.75000＞CR≧0.70000	同一筆者の可能性
0.70000＞CR≧0.65000	異なった筆者の可能性
0.65000＞CR≧0.60000	異なった筆者の可能性高
0.60000＞CR	異なった筆者

2 筆者識別目的筆跡（2筆跡）と対照筆跡グループの主成分分析

1．分布図と第一主成分得点による筆者識別

（1） 筆者識別目的筆跡(S1, S2)と対照筆跡グループ(R1〜R5)を用いて主成分分析をおこなった。得られた第一〜三主成分得点の図示を図6に示した。

（2） 第一、二、三主成分寄与率は、26.21813, 21.75070, 15.77190である。図は、これらの寄与率を考慮して図示している。

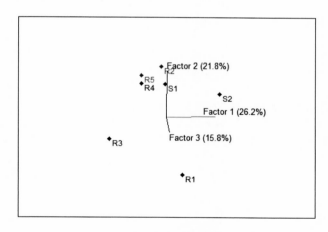

図6 主成分分析結果

S1, S2：筆者識別目的筆跡　R1〜R5：対照筆跡

（3） 筆者識別目的筆跡(S1, S2)と対照筆跡グループ(R1〜R5)の第一主成分得点を表16に示した。

（4） 図6に示した分布図と表16に示した第一主成分得点から、筆者識別をおこなった。

127

表16　筆者識別目的筆跡 (S1，S2) に対する
対照筆跡グループ (R1〜R5) の第一主成分得点

	S1	S2	R1	R2	R3	R4	R5
第一主成分得点	0.08937	11.26267	4.02103	0.79391	−9.10736	−3.82659	−3.23303

（5）筆者識別目的筆跡 (S1) が対照筆跡グループ (R1〜R5) 内の数値を示しているので、筆者識別目的筆跡 (S1，S2) と対照筆跡グループ (R1〜R5) は同一筆者によって記載されたと判断した。

2．第二主成分寄与率を第一主成分寄与率類似度で除した値

筆者識別目的筆跡 (S1) が対照筆跡グループ (R1〜R5) 内の数値を示しているので、筆者識別目的筆跡 (S1，S2) と対照筆跡グループ (R1〜R5) は、同一筆者によって記載されたと判断し、第二主成分寄与率／第一主成分寄与率は計算していない。

第六項　二筆跡間の筆者識別 （回帰分析）

二筆跡間の筆者識別は、筆者識別目的筆跡と個々の対照筆跡間の筆者識別をおこなう方法で、クラスター分析や主成分分析とは異なり、相関分析に近い手法である。

（1）筆者識別目的筆跡と個々の対照筆跡を組合せた2筆跡を用いて、回帰分析をおこなう。

（2）得られた、回帰統計の重相関 (R)、重決定 (R2)、補正、標準誤差、回帰式の係数と切片、回帰式の係数と切片の標準誤差の8個の数値と、ユークリッド距離の数値を合わせた、合計9個の数値を用いて筆者識別をおこなう。

1　筆者識別目的筆跡が1筆跡の場合

1．筆者識別対象資料に、同一筆者 (G1) 或いは異なった筆者 (G2) によって記載された筆跡 (G2) の各5資料を用いる筆者識別

（1）あらかじめ作成してある、明確に同一筆者或いは異なった筆者によって記載されたことが明らかな筆跡について、スケーリングの処理をしないで回帰分析おこなう。

（2）回帰分析から得られた、回帰式の切片と係数、回帰式の係数と切片の標準誤差、相関係数 (R)、決定係数 (R2)、決定係数の補正、標準誤差とユークリッド距離を計算し、9個の数値を1行に並べたデータベース（データベース用筆者識別対象資料、G1，G2）を作成する。

（3）回帰式の係数は、常に 1.000 より小さくなるように決めなければならない。

（4）従って、筆者識別目的筆跡 (S1) を説明変数 (x)、対照筆跡 (R1) を目的変数 (y) として回帰分析を行った結果、回帰式の係数が 1.000 より大きくなった場合には、、筆者識別目的筆跡 (S1) を目的変数 (y)、対照筆跡 (R1) を説明変数 (x) として、再度回帰分析をおこなう必要がある。

（5）筆者識別目的筆跡 (S1) と対照筆跡グループ (R1〜R5) 内の1筆跡を用いて、デー

タベースと同様の方法で9個の数値を1行に並べ、筆者識別対象資料とする。

（6）この方法で、S1-R1, S1-R2, S1-R3, S1-R4, S1-R5 の5個の組合せの筆者識別対象資料を作成する。

（7）作成した、S1-R1, S1-R2, S1-R3, S1-R4, S1-R5 の筆者識別対象資料を、表 17 に示した。

表 17　筆者識別対象資料

筆者識別対象資料	回帰式				相関係数 R	決定係数 R2	回帰統計 決定係数の補正	標準誤差	ユークリッド距離
	切片	係数	標準誤差 切片	係数					
S1-R1	-0.02476	0.96267	0.00688	0.01476	0.98193	0.96419	0.96397	0.06925	0.99383
S1-R2	-0.00961	0.97906	0.00708	0.01519	0.98151	0.96337	0.96314	0.07127	0.92233
S1-R3	-0.01837	0.93469	0.00765	0.01642	0.97647	0.95349	0.95319	0.07707	1.11747
S1-R4	-0.01345	0.98053	0.00563	0.01209	0.98820	0.97653	0.97638	0.05674	0.75793
S1-R5	-0.02313	0.99231	0.00627	0.01346	0.98577	0.97175	0.97157	0.06316	0.85674

（8）G1 と G2 のデータベース用筆者識別対象資料から、筆者識別対象資料と補正値（カテゴリー）数(160)が近似した各5資料を選択した。

（9）データベースから選択した G1, G2 の各5資料を表 18 に示した。

表 18　データベースから選択した G1, G2 の5資料

筆者識別対象資料	回帰式				相関係数 R	決定係数 R2	回帰統計 決定係数の補正	標準誤差	ユークリッド距離
	切片	係数	標準誤差 切片	係数					
152G1	0.02107	0.92154	0.00841	0.01823	0.97189	0.94457	0.94420	0.09243	1.20179
156G1	-0.00055	0.93625	0.00923	0.01796	0.97282	0.94638	0.94603	0.10773	1.39886
160G1	0.01112	0.93343	0.00950	0.01900	0.96878	0.93854	0.93816	0.09502	1.24539
164G1	-0.01832	0.93056	0.00835	0.01613	0.97653	0.95361	0.95332	0.09937	1.39506
168G1	0.02296	0.97276	0.00837	0.01867	0.97077	0.94240	0.94205	0.09356	1.23245
144G2	0.00747	0.88172	0.02227	0.04353	0.86190	0.74288	0.74106	0.24319	2.97983
152G2	-0.02032	0.93338	0.01931	0.03537	0.90705	0.82274	0.82156	0.19609	2.48698
160G2	0.08191	0.87854	0.01616	0.03428	0.89781	0.80606	0.80483	0.16986	2.30694
168G2	-0.01408	0.86679	0.01543	0.02613	0.92214	0.85035	0.84853	0.16454	2.40371
176G2	0.01716	0.85891	0.01672	0.02973	0.90966	0.82748	0.82649	0.19093	2.69425

（10）筆者識別対象資料と G1 と G2 の各5資料の合計 11 資料を用いて、クラスター分析と主成分分析をおこなった。

（11）クラスター分析と主成分分析結果から、決められた閾値を基に筆者識別をおこなった。

（12）閾値は、すでに第四章第五節の回帰分析のところで示したが、再度表 19 に示した。

129

表 19　二筆跡間のクラスター分析と主成分分析の筆者識別の判断基準

クラスター分析結果（DST）の判断基準　（閾値）

結合位置	類似度の数値（DST）	筆者識別結果
G1内	———	同一筆者
G1の右側	DST≦0.250	同一筆者の可能性高
G1の右側	0.250＜DST≦0.500	同一筆者の可能性
G1の右側	0.500＜DST	異なった筆者の可能性
G2内	———	異なった筆者
G2の右側	DST≦0.500	異なった筆者の可能性高
G2の右側	0.500＜DST	異なった筆者の可能性

主成分分析結果の判断基準　（閾値）

分布位置	第一主成分得点の符号	筆者識別結果
G1内	———	同一筆者
G1の左側	———	明確に同一筆者
G1の右側	同一符号（最短データベースとの差≦1.00000）	同一筆者の可能性高
G1の右側	同一符号（最短データベースとの差＞1.00000）	同一筆者の可能性
G2内	———	異なった筆者
G2の右側	———	明確に異なった筆者
G2の左側	同一符号（最短データベースとの差≦1.00000）	異なった筆者の可能性高
G2の左側	同一符号（最短データベースとの差＞1.00000）	異なった筆者の可能性

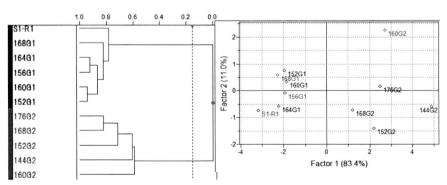

クラスター分析結果　　　　　　　　主成分分析結果

図7　G1，G2各5資料を用いた二筆跡間の筆者識別結果

（13）S1-R1, S1-R2, S1-R3, S1-R4, S1-R5 のクラスター分析と主成分分析の結果を図7と表20に示した。

表20　筆者識別結果

筆者識別	分析結果		筆者識別結果
対象資料	クラスター分析	主成分分析	
S1-R1	G1(0.038)	G1左側	明確に同一筆者
S1-R2	G1内	G1左側	明確に同一筆者
S1-R3	G1内	G1左側	明確に同一筆者
S1-R4	G1(0.086)	G1左側	明確に同一筆者
S1-R5	G1(0.108)	G1左側	明確に同一筆者

（14）図7と表20から、筆者識別目的筆跡(S1)と対照筆跡グループ(R1〜R5)は、明確に同一筆者によって記載されたものと判断した。

２．筆者識別対象資料に、同一筆者(G1)によって記載された10資料を用いる筆者識別

筆者識別対象資料のG1とG2のデータベース用筆者識別対象資料を各5資料用いたクラスター分析結果と主成分分析結果が、

（１）筆者識別対象資料が、G1グループ外で結合（分布）していた場合は、選択したG2グループの5資料によって、G1からの分離程度が異なってくるので、G1の10資料を用いて、再度筆者識別をおこなう。

（２）筆者識別対象資料が、G1内やG2内で結合（分布）していた場合は、筆者識別目的筆跡と対照筆跡は、同一筆者か異なった筆者によって記載されたことが明確なので、おこなわない。

（３）筆者識別対象資料が、G2グループ外で結合（分布）していた場合も、同一筆者によって記載された可能性はないので、おこなわない。

（４）今回は、筆者識別目的筆跡(S1)と対照筆跡グループ(R1〜R5)は、明確に同一筆者が記載と判断されているので、本来はおこなわない。

（５）しかし、説明する必要から、参考として表21に示した、選択したG1の10資料をもちいて筆者識別をおこなった結果、を図8に示した。

表21　データベースから選択したG1の10資料

筆者識別	回帰式				回帰統計				
対象資料			標準誤差		相関係数	決定係数	決定係数	標準誤差	ユークリッド
	切片	係数	切片	係数	R	R2	の補正		距離
152G1	0.00345	0.89506	0.01192	0.02227	0.95656	0.91501	0.91444	0.12705	1.69489
156G1	-0.01128	0.99463	0.01080	0.02101	0.96733	0.93573	0.93531	0.12600	1.57146
160G1	0.01569	0.92645	0.00764	0.01584	0.97767	0.95583	0.95555	0.08475	1.13578
160G1	0.01126	0.95041	0.01258	0.02277	0.95752	0.91685	0.91633	0.12144	1.55132
160G1	0.00616	0.95159	0.00735	0.01665	0.97666	0.95386	0.95357	0.07868	1.01729
160G1	0.00132	0.92256	0.01102	0.02204	0.95774	0.91726	0.91674	0.11743	1.55251
164G1	-0.01954	0.98329	0.01159	0.02507	0.95117	0.90473	0.90414	0.12221	1.58743
168G1	0.01482	0.91665	0.00637	0.01264	0.98459	0.96941	0.96922	0.07393	1.07112
168G1	0.03937	0.90202	0.01099	0.02412	0.94548	0.89393	0.89329	0.11737	1.59617
168G1	0.02046	0.98543	0.00812	0.01666	0.97709	0.95470	0.95443	0.09149	1.20179

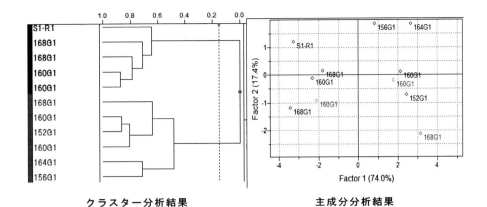

クラスター分析結果　　　　　　　　　　　　主成分分析結果

図8　G1の10資料を用いた二筆跡間の筆者識別結果

3．対照筆跡から作成した筆者識別対象資料を用いる筆者識別
　　筆者識別目的筆跡が対照筆跡グループ内で結合（分布）しているか否かを判断する
方法である。
（1）対照筆跡から作成した筆者識別対象資料（資料）中に、筆者識別目的筆跡と対
　　照筆跡から作成した筆者識別対象資料を加える。
（2）ついで、クラスター分析と主成分分析をおこなう。
（3）表23に、対照筆跡から作成した筆者識別対象資料（資料）を示した。
（4）表17の筆者識別対象資料と、表22の対照筆跡から作成した筆者識別対象資料
　　（資料）を用いて、クラスター分析と主成分分析をおこない、筆者識別をおこなっ
　　た結果を図9に示す。

表22　対照筆跡から作成した筆者識別対象資料（資料）

| 筆者識別対象資料 | 回帰式 | | | | 回帰統計 | | | | |
	切片	係数	標準誤差切片	係数	相関係数R	決定係数R2	決定係数の補正	標準誤差	ユークリッド距離
R1-R2	0.02025	0.99806	0.00691	0.01573	0.98093	0.96223	0.96199	0.07237	0.94347
R1-R3	0.00934	0.95606	0.00693	0.01576	0.97920	0.95883	0.95857	0.07251	0.93373
R1-R4	0.01867	0.99059	0.00726	0.01651	0.97875	0.95794	0.95768	0.07596	0.97795
R1-R5	0.00111	0.95672	0.00657	0.01450	0.98234	0.96498	0.96476	0.06849	0.89378
R2-R3	-0.00613	0.94317	0.00642	0.01407	0.98287	0.96603	0.96581	0.06587	0.91025
R2-R4	0.00251	0.97773	0.00664	0.01457	0.98292	0.96612	0.96591	0.06818	0.86439
R2-R5	0.01486	0.98021	0.00524	0.01156	0.98918	0.97849	0.97835	0.05462	0.70385
R3-R4	-0.00344	0.94524	0.00694	0.01534	0.97982	0.96006	0.95980	0.07142	0.96012
R3-R5	0.00439	0.93814	0.00560	0.01236	0.98657	0.97332	0.97315	0.05837	0.80298
R4-R5	0.01341	0.97251	0.00579	0.01279	0.98661	0.97340	0.97323	0.06041	0.77461

（5）S1-R2, S1-R3, S1-R4, S1-R5も、すべてクラスター分析と主成分分析結果から
　　は、対照筆跡から作成した筆者識別対象資料（資料）内で結合（分布）した。

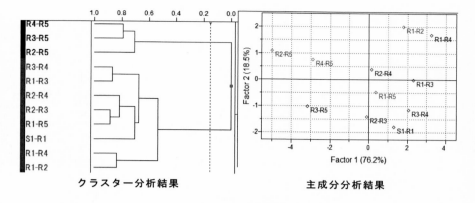

クラスター分析結果   主成分分析結果

図9 対照筆跡から作成した筆者識別対象資料（資料）
を用いた二筆跡間の筆者識別結果

（６）今回は関係ないが、すでに第四章第五節の回帰分析のところで示した閾値を、
再度表 23 に示す。

表 23 G1 の 10 試料を用いた二筆跡間の筆者識別判断基準（閾値）

クラスター分析結果	主成分分析結果	筆者識別結果
グループ内で結合	グループ左側外に分布	同一筆者
グループ内で結合	グループ内に分布	同一筆者
グループ内で結合	グループ右側外に分布	同一筆者の可能性
グループ外で結合	グループ内に分布	異なった筆者の可能性
グループ外で結合	グループ右側外に分布	異なった筆者

グループ：G1の10資料

（７）表 23 の閾値から、筆者識別目的筆跡(S1)と対照筆跡グループ(R1～R5)は同一
筆者によって記載されたものと判断する。

２ 筆者識別目的筆跡が２筆跡の場合

**１．筆者識別対象資料に、同一筆者 (G1) 或いは異なった筆者 (G2) によって記載された
筆跡 (G2) の各５資料を用いる筆者識別**

（１）筆者識別目的筆跡が１筆跡の場合と同様な方法で、筆者識別目的筆跡(S1, S2)
と対照筆跡グループ(R1～R5)内の各１筆跡を用いて、S1-R1, S1-R2, S1-R3, S1-R4,
S1-R5, S2-R1, S2-R2, S2-R3, S2-R4, S2-R5 の 10 個の組合せの筆者識別対象資料を
作成する。

（３）作成した S2-R1, S2-R2, S2-R3, S2-R4, S2-R5 の筆者識別対象資料を表 24 に示
した。S1-R1, S1-R2, S1-R3, S1-R4, S1-R5 の筆者識別対象資料は、すでに表 17 に

示してある。

表24　筆者識別対象資料

筆者識別対象資料	回帰式				相関係数 R	決定係数 R2	回帰統計 決定係数の補正	標準誤差	ユークリッド距離
	切片	係数	標準誤差切片	係数					
S2-R1	-0.00217	0.95059	0.00644	0.01406	0.98316	0.96660	0.96639	0.06688	0.89361
S2-R2	0.01387	0.96486	0.00699	0.01527	0.98079	0.96195	0.96171	0.07263	0.93007
S2-R3	0.00544	0.91580	0.00835	0.01823	0.97010	0.94110	0.94072	0.08673	1.18022
S2-R4	0.01322	0.95428	0.00790	0.01724	0.97518	0.95097	0.95066	0.08202	1.05382
S2-R5	0.00174	0.97384	0.00703	0.01535	0.98094	0.96223	0.96200	0.07303	0.92860
S1-S2	-0.01791	0.99190	0.00780	0.01674	0.97824	0.95696	0.95669	0.07853	1.02031

（4）筆者識別は、筆者識別目的筆跡が1筆跡の場合と同じ G1 と G2 のデータベース用筆者識別対象資料から、各5資料を選択する。

（5）筆者識別対象資料と G1 と G2 の各5資料の合計11資料を用いて、クラスター分析と主成分分析をおこなう。

（6）筆者識別目的筆跡が1筆跡の場合と同様の閾値を基に筆者識別をおこなう。

（7）S2-R1, S2-R2, S2-R3, S2-R4, S2-R5 のクラスター分析と主成分分析の結果を図10 と表25 に示す。S1-R1, S1-R2, S1-R3, S1-R4, S1-R5 の筆者識別結果は、すでに表20 に示した。

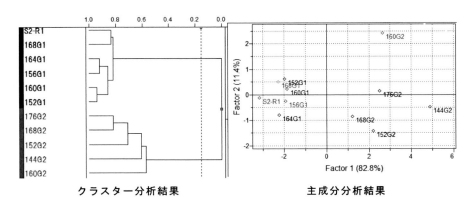

クラスター分析結果　　　　　主成分分析結果

図10　G1，G2 各5資料を用いた二筆跡間の筆者識別結果

（8）図10 から、筆者識別目的筆跡(S1)と対照筆跡グループ(R1～R5)は、明確に同一筆者によって記載されたものと判断する。

（9）S1-S2 も明確に同一筆者によって記載されたものと判断され、個人内変動幅は極めて小さいものと判断した。

134

表 25　筆者識別結果

筆者識別	分析結果		筆者識別結果
対象資料	クラスター分析	主成分分析	
S2-R1	G1内	G1左側	明確に同一筆者
S2-R2	G1内	G1左側	明確に同一筆者
S2-R3	G1内	G1内	明確に同一筆者
S2-R4	G1内	G1左側	明確に同一筆者
S2-R5	G1内	G1左側	明確に同一筆者
S1-S2	G1(0.055)	G1左側	明確に同一筆者

２．筆者識別対象資料に、同一筆者(G1)によって記載された 10 資料を用いる筆者識別

S2-R1, S2-R2, S2-R3, S2-R4, S2-R5 は、明確に同一筆者によって記載された、との筆者識別結果が得られているので、同一筆者(G1)によって記載された 10 資料を用いる筆者識別はおこなわない。

３．対照筆跡から作成した筆者識別対象資料を用いる筆者識別

（１）筆者識別目的筆跡が 1 筆跡の場合と同様の方法で、表 22, 24 の数値を用いてクラスター分析と主成分分析をおこなう。

（２）S2-R1, S2-R2, S2-R3, S2-R4, S2-R5 は、すべて対照筆跡から作成した筆者識別対象資料（資料）内で結合（分布）した。

（３）表 22 の筆者識別対象資料と、表 24 の対照筆跡から作成した筆者識別対象資料（資料）を用いてクラスター分析と主成分分析をおこない、筆者識別をおこなった結果を図 11 に示す。

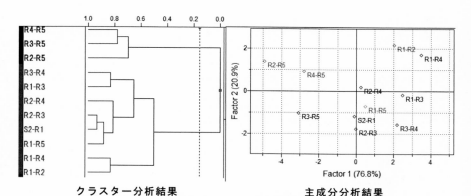

クラスター分析結果　　　　　主成分分析結果

図 11　対照筆跡から作成した筆者識別対象資料（資料）
を用いた二筆跡間の筆者識別結果

（４）S1-R2, S1-R3, S1-R4, S1-R5 も、すべてクラスター分析と主成分分析結果からは、対照筆跡から作成した筆者識別対象資料（資料）内で結合（分布）した。

（５）表 23 の閾値から、筆者識別目的筆跡(S2)と対照筆跡グループ(R1〜R5)は同一

135

筆者によって記載されたものと判断した。

第七項　総合的に考察した筆者識別結果

相関分析、クラスター分析、主成分分析、二筆跡間の筆者識別から得られた筆者識別結果と、参考とした共分散分析筆者識別結果を表26示した。

1　筆者識別

相関分析、クラスター分析、主成分分析、二筆跡間の筆者識別から得られた筆者識別結果と、共分散分析筆者識別結果（参考）から総合的に考察する。

2　考察方法

（1）考察方法は、第五章の「総合的な筆者識別（鑑定）結果の表現」に基づく。

（2）相関分析、クラスター分析、主成分分析、二筆跡間の筆者識別から得られた筆者識別結果と、共分散分析筆者識別結果（参考）から筆者識別目的筆跡(S1), (S1, S2)は対照筆跡と同一筆者、同一筆者によって記載された可能性が高と判断されているので、第五章の「総合的な筆者識別（鑑定）結果の表現」に基づいておこなう。

3　総合的な筆者識別（鑑定）結果の表現

表26　相関分析、クラスター分析、主成分分析、二筆跡間の筆者識別、
共分散分析（参考）からの筆者識別結果

	筆者識別目的筆跡数	
	1筆跡	2筆跡
相関分析		
相関係数	同一筆者	同一筆者
クラスター分析		
類似度	同一筆者	同一筆者
類似度／最大ユークリッド距離	―	―
主成分分析		
分布図と第一主成分得点	同一筆者の可能性高	同一筆者
寄与率：第二主成分／第一主成分	同一筆者	―
二筆跡間の筆者識別		
G1, G2の各5資料	明確に同一筆者	明確に同一筆者
G1の10資料	―	―
対照筆跡間の資料	同一筆者	同一筆者
共分散分析（参考）		
共分散係数絶対値	同一筆者	同一筆者

（1）筆者識別目的筆跡は、対照筆跡と同一筆者によって記載されたものと考えられる。

（2）筆者識別目的筆跡は、対照筆跡と同一筆者によって記載された可能性が極めて高いものと考えられる。

（3）筆者識別目的筆跡は、対照筆跡と同一筆者によって記載された可能性が高いものと考えられる。

（4）筆者識別目的筆跡は、対照筆跡と同一筆者によって記載された可能性があるものと考えられる。

から選択することになる。

4　総合的な筆者識別（鑑定）結果

（1）筆者識別目的筆跡(S1)と対照筆跡(R1〜R5)は、同一筆者によって記載されたものと考えられる。

（2）筆者識別目的筆跡(S1, S2)と対照筆跡(R1〜R5)は、同一筆者によって記載されたものと考えられる。

となる。

（3）参考として対照筆跡の個人内変動幅を示す。

相関係数最小値	0.97875
共分散係数絶対値最大値	0.00778
クラスター分析	
類似度	0.020
類似度／クラスター距離の最大値	0.0010
二筆跡間の筆者識別	
G1, G2の各5資料	すべてグループ内
G1の10資料	―

（4）対照筆跡間の個人内変動は極めて小さく、筆者識別結果の信頼性は極めて高い。

第二節　筆者識別目的筆跡と対照筆跡が
異なった筆者によって記載された筆跡

第一項　筆跡の数値化

説明のために用いた筆者識別目的筆跡(S1)と対照筆跡(R1〜R5)を図 12 に示した。

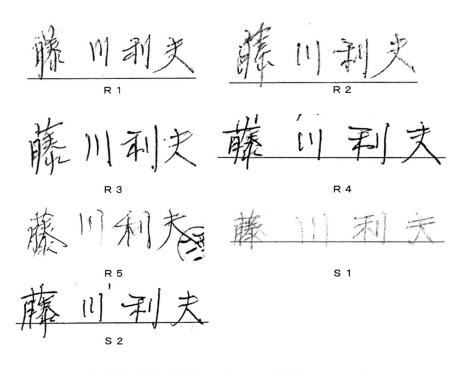

図 12　筆者識別目的筆跡（S 1）と対照筆跡（R 1〜R 5）
S1：筆者識別目的試料
R1〜R5：筆者の明らかな対照資料

1　筆跡の数値化のための基線と測定点（座標点）の決定

（1）筆者識別目的筆跡と対照筆跡を、同一筆者によって記載された筆跡と同様な方
　　法で、「藤川利夫」筆跡の基線の長さと測定点（座標点）を決定する。
（2）決定した、「藤川利夫」筆跡の基線の長さと測定点（座標点）を図 13 に示した。

図13 「藤川利夫」筆跡の基線と測定点（座標点）
基線の長さ：Y軸の長さ；座標点（番号順に測定）

2 筆跡の数値化

（1）筆者識別目的筆跡と対照筆跡を、同一筆者によって記載された筆跡の場合と同様な方法で数値化する。

（2）図13から、「藤川利夫」筆跡の測定値（カテゴリー）数は、168個（数値）となる。

第二項 相関分析

相関分析は、筆者識別目的筆跡と対照筆跡グループが同一筆者によって記載されたものか否かの判断と、対照筆跡の個人内変動の確認について用いている。

1 筆者識別目的筆跡（1筆跡）と対照筆跡グループ間の相関分析

筆者識別目的筆跡(S1)と対照筆跡グループ(R1～R5)間の相関分析結果から、筆者識別目的筆跡(S1)が対照筆跡と同一の筆者によって記載されたものか否かを判断する。

1．筆者識別目的筆跡(S1)と対照筆跡グループ(R1～R5)間の相関関係

（1）筆者識別目的筆跡(S1)に対する対照筆跡グループ(R1～R5)間の相関係数を計算し、得られた相関係数から、筆者識別目的筆跡(S1)が対照筆跡と同一の筆者によって記載されたものか否かを閾値から判断する。

（2）得られた相関係数と閾値を表27に示した。

（3）筆者識別目的筆跡(S1)に対する対照筆跡グループ(R1～R5)間の相関係数は、表27に示したように、対照筆跡に対しても相関係数が0.89720～0.92043の範囲にある。

（4）従って、筆者識別目的筆跡(S1)と対照筆跡グループ(R1～R5)は、異なった筆者によって記載された可能性が高いものと判断した。

表 27　相関分析結果と閾値〔相関係数（CC）〕

相関分析結果

	R1	R2	R3	R4	R5
S1	0.89793	0.92043	0.91796	0.89720	0.91903

閾値〔相関係数（CC）〕

相関係数（CC）	筆者識別結果
CC≧0.97000	同一筆者
0.97000＞CC≧0.95000	同一筆者の可能性高
0.95000＞CC≧0.93000	同一筆者の可能性
0.93000＞CC≧0.92000	異なった筆者の可能性
0.92000＞CC≧0.90000	異なった筆者の可能性高
0.90000＞CC	異なった筆者

2　筆者識別目的筆跡（2筆跡）と対照筆跡グループ間の相関分析

（1）表 28 に筆者識別目的筆跡（2筆跡）と対照筆跡グループ(R1～R5)間の相関係数を示した。

（2）表 28 の相関係数から、**筆者識別目的筆跡（S1, S2）と対照筆跡グループ(R1～R5)の相関係数は、0.89720～0.92486 の範囲にある。**

（3）従って、筆者識別目的筆跡(S1)と対照筆跡グループ(R1～R5)は異なった筆者よって記載された可能性が高いものと判断した。

（4）筆者識別目的筆跡(S1, S2)間の相関係数は 0.90204 で、筆者識別目的筆跡(S1)と筆者識別目的筆跡(S2)は、異なった筆者によって記載された可能性が高いものと判断した。

表 28　筆者識別目的筆跡(S1, S2)に対する対照筆跡グループ(R1～R5)間の相関係数

	R1	R2	R3	R4	R5	S1
S1	0.89793	0.92043	0.91796	0.89720	0.91903	―
S2	0.91848	0.92486	0.92054	0.90706	0.91017	0.90204

3　対照筆跡グループ(R1～R5)間の相関関係

（1）対照筆跡グループ(R1～R5)間の相関係数を、表 29 に示した。

表 29　対照筆跡グループ(R1～R5)間の相関係数

	R1	R2	R3	R4
R2	0.97546			
R3	0.98256	0.97925		
R4	0.96778	0.96379	0.96891	
R5	0.95962	0.96475	0.96081	0.96864

（2）表 29 の結果から、対照筆跡(R1～R5)の個人内変動はかなり小さい。

（3）従って、対照筆跡グループ(R1～R5)を用いた、筆者識別目的筆跡(S1)及び筆者
識別目的筆跡(S1, S2)と対照筆跡グループ(R1～R5)間の筆者識別結果の信頼性は、
極めて高いものと考えられた。

第三項　共分散分析

すでに説明したように、共分散分析の結果は相関分析ほどの信頼性はない。

1　筆者識別目的筆跡（1筆跡）と対照筆跡グループ間の共分散分析

1．筆者識別目的筆跡(S1)と対照筆跡グループ(R1～R5)間の共分散係数絶対値

（1）筆者識別目的筆跡(S1)に対する対照筆跡グループ(R1～R5)間の共分散係数絶対
値差と閾値を表30に示した。

表30　共分散分析結果と閾値〔共分散係数絶対値(CCA)〕

S1とR1～R5間の共分散係数絶対値

	R1	R2	R3	R4	R5
S1	0.01722	0.02175	0.02118	0.02585	0.01153

閾値

共分散絶対値差(CCA)	筆者識別結果
0. 00100≧CCA	同一筆者
0. 00250≧CCA＞0. 00100	同一筆者の可能性高
0. 00500≧CCA＞0. 00250	同一筆者の可能性
0. 00750≧CCA＞0. 00500	異なった筆者の可能性
0. 01000≧CCA＞0. 00750	異なった筆者の可能性高
CCA＞0. 01000	異なった筆者

（2）表30から、筆者識別目的筆跡(S1)と対照筆跡グループ(R1～R5 は、異なった
筆者によって記載されたものと判断した。

2　筆者識別目的筆跡（2筆跡）と対照筆跡グループ間の共分散分析

（1）表31に、筆者識別目的筆跡(S1, S2)と対照筆跡グループ(R1～R5)間の共分散係
数絶対値を示した。

表31　筆者識別目的筆跡(S1, S2))に対する対照筆跡グループ(R1～R5)との
共分散分析係数絶対値

	R1	R2	R3	R4	R5	S1
S1	0.01722	0.02175	0.02118	0.02585	0.01153	—
S2	0.00866	0.01188	0.01157	0.01639	0.00805	0.02124

（2）筆者識別目的筆跡(S1, S2)と対照筆跡グループ(R1～R5)間の共分散係数絶対値
は 0.00805～0.02585 の範囲にあり、筆者識別目的筆跡(S1) と筆者識別目的筆

141

(S2)は異なった筆者によって記載された可能性が高いものと判断した。

（３）筆者識別目的筆跡(S1，S2)間の共分散係数絶対値が 0.02124 であることから、筆者識別目的筆跡(S1, S2)は異なった筆者によって記載されたものと判断した。

3　対照筆跡グループ（R1～R5)間の共分散分析

（１）対照筆跡グループ(R1～R5)間の共分散係数絶対値を、表 32 に示した。

表 32　対照筆跡グループ（R1～R5)間の共分散係数絶対値

	R1	R2	R3	R4
R2	0.01179			
R3	0.00984	0.00177		
R4	0.01376	0.00554	0.00586	
R5	0.00324	0.00560	0.00414	0.00698

（２）表 32 の結果から、R1～R5 対照筆跡の個人内変動は大きい。

（３）従って、対照筆跡グループ(R1～R5)を用いた筆者識別結果の信頼性は低いものと考えられるが、すでに説明したように、共分散係数絶対値を用いた筆者識別結果は参考で、信頼性はそれほど高くない。

第四項　クラスター分析

1　筆者識別目的筆跡（１筆跡）と対照筆跡グループのクラスター分析

1．類似度による筆者識別

（１）筆者識別目的筆跡(S1)に対する対照筆跡グループ(R1～R5)を用いたクラスター分析の結果を図 14 に示した。

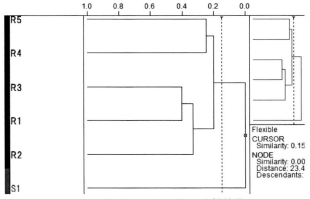

図 14　クラスター分析結果

S1：筆者識別目的筆跡　R1～R5：対照筆跡

142

（2）図 14 から、S1 と R1, R2, R3, R4, R5 の 2 つのグループ（クラスター）に分割
されており、類似度の数値は 0.197 である。

（3）類似度の数値から、筆者識別目的筆跡(S1)と対照筆跡(R1〜R5)グループは、異
なった筆者によって記載されたものと判断した。

筆者識別対象筆跡間の類似度の数値(DS)と筆者識別結果

横軸の類似度の数値 （ＤＳ）	筆者識別結果
DS≦0.100	同一筆者
0.100<DS≦0.110	同一筆者の可能性高
0.110<DS≦0.125	同一筆者の可能性
0.125<DS≦0.140	異なった筆者の可能性
0.14<DS≦0.150	異なった筆者の可能性高
0.150<DS	異なった筆者

筆者識別目的筆跡が対照筆跡グループ内で結合：同一筆者

2．類似度を最大ユークリッド距離で除した値

（1）筆者識別目的筆跡(S1)と対照筆跡(R1〜R5)グループは分割されており、類似度
の数値が 0.197、最大ユークリッド距離が 23.429 なので、0.197/23.429 = 0.0084
となり、閾値から S1 と R1, R2, R3, R4, R5 は異なった筆者によって記載された可
能性が高いものと判断した。

判定基準（ＤＳＹ）の閾値

判定基準（DSY）	筆者識別結果
DSY≦0.0020	同一筆者
0.0020<DSY≦0.0040	同一筆者の可能性高
0.0040<DSY≦0.0060	同一筆者の可能性
0.0060<DSY≦0.0080	異なった筆者の可能性
0.0080<CDSY≦0.0100	異なった筆者の可能性高
0.0100<DSY	異なった筆者

筆者識別目的筆跡が対照筆跡内で結合：同一筆者

2　筆者識別目的筆跡（2 筆跡）と対照筆跡グループのクラスター分析

1．類似度による筆者識別

（1）筆者識別目的筆跡(S1, S2)に対する対照筆跡グループ(R1〜R5)を用いたクラス
ター分析の結果を図 15 に示した。

（2）図 15 から明らかなように、筆者識別目的筆跡(S1, S2)と対照筆跡グループ(R1
〜R5)に分割されており、類似度の数値は 0.243 であった。、

（3）筆者識別目的筆跡(S1, S2)と対照筆跡グループ(R1〜R5)は、異なった筆者によ
って記載されたものと判断した。

143

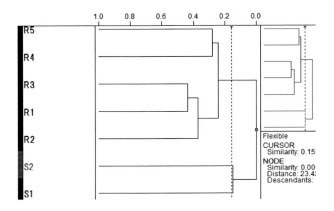

図15　クラスター分析結果
S1, S2:筆者識別目的筆跡　R1〜R5:対照筆跡

（**4**）さらに、

（**ア**）筆者識別目的筆跡(S1, S2)間のユークリッド距離〔類似度の数値が 0.149 から
〔(1-0.149)×23.429 = 19.938〕は 19.938

（**イ**）筆者識別目的筆跡(S1, S2)と対照筆跡グループ(R1〜R5)間のユークリッド距離
は 23.429

（**ウ**）対照筆跡グループ(R1〜R5)間の最大ユークリッド距離((1-0.242)×23.429 =
17.759〕は 17.759

（**エ**）対照筆跡グループ(R1〜R5)間の最大ユークリッド距離より筆者識別目的筆跡
(S1, S2)間のユークリッド距離のほうが大きいことから、S1 と S2 は異なった筆者
によって記載されたものと判断した。

第五項　主成分分析

1　筆者識別目的筆跡（1筆跡）と対照筆跡グループの主成分分析
1．分布図と第一主成分得点による筆者識別
（**1**）筆者識別目的筆跡(S1)に対する対照筆跡グループ(R1〜R5)を用いて主成分分析
をおこない、得られた第一〜三主成分得点の図示を図 16 に示した。

（**2**）第一、二、三主成分寄与率は 34.21209, 22.52565, 18.87552 であった。図は、
これらの寄与率を考慮して図示している。

（**3**）図 16 に示した分布図、表 33 に示した第一主成分得点、第一主成分得点の閾値
から、筆者識別目的筆跡(S1)と対照筆跡(R1〜R5)グループは異なった筆者によって
記載されたものと判断した。

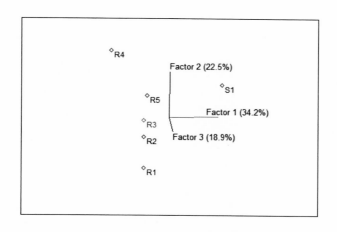

図16　主成分分析結果

S1:筆者識別目的筆跡　　R1〜R5:対照筆跡

表33　筆者識別目的筆跡(S1)に対する対照筆跡グループ(R1〜R5)の第一主成分得点

第一主成分得点

	S1	R1	R2	R3	R4	R5
第一主成分得点	14.58961	−1.74112	−1.52356	−1.15731	−7.92481	−2.24281

閾値

第一主成分得点値差 （ＦＰＳ）	筆者識別結果
鑑定対象筆跡と対照筆跡が混合状態で分布	同一筆者
最も近似した対照筆跡との差 FPS＜1.00000	同一筆者の可能性高
最も近似した対照筆跡との差 1.00000≦FPS＜2.50000	同一筆者の可能性
最も近似した対照筆跡との差 2.50000≦FPS＜5.00000	異なった筆者の可能性
最も近似した対照筆跡との差 5.00000≦FPS＜7.50000	異なった筆者の可能性高
最も近似した対照筆跡との差 7.50000≦FPS	異なった筆者

２．第二主成分寄与率を第一主成分寄与率類似度で除した値

（１）筆者識別目的筆跡(S1)と対照筆跡グループ(R1〜R5)を用いた主成分分析結果から得られた第一主成分寄与率は 34.21209、第二主成分寄与率は 22.52565 から、第二主成分寄与率／第一主成分寄与率は 0.65841 となる。

（２）従って、第二主成分寄与率／第一主成分寄与率(PC)を用いた筆者識別の閾値から、筆者識別目的筆跡(S1)と対照筆跡グループ(R1〜R5)は異なった筆者によって記載された可能性があると判断した。

閾値

判定基準（CR）	筆者識別結果
CR≧0.80000	同一筆者
0.80000＞CR≧0.75000	同一筆者の可能性高
0.75000＞CR≧0.70000	同一筆者の可能性
0.70000＞CR≧0.65000	異なった筆者の可能性
0.65000＞CR≧0.60000	異なった筆者の可能性高
0.60000＞CR	異なった筆者

2　筆者識別目的筆跡（2筆跡）と対照筆跡グループの主成分分析

1．分布図と第一主成分得点による筆者識別

（1）筆者識別目的筆跡(S1, S2)に対する対照筆跡グループ(R1～R5)を用いて主成分
分析をおこない、得られた第一～三主成分得点の図示を図 17 に、第一、二、三主
成分寄与率 34.21209, 22.52565, 18.87552 を考慮して図示した。

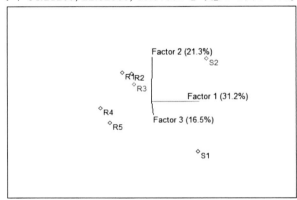

図 17　主成分分析結果

S1, S2：筆者識別目的筆跡　　R1～R5：対照筆跡

（2）筆者識別目的筆跡(S1, S2)に対する対照筆跡グループ(R1～R5)の第一主成分得
点を表 34 に示した。

（3）図 17 と表 34 から、筆者識別をおこなった。

（4）図 17 からは筆者識別目的筆跡(S1, S2)が対照筆跡グループ(R1～R5)から反れた
位置に分布し、表 34 の数値から、筆者識別目的筆跡(S1, S2)と対照筆跡グループ(R1
～R5)は異なった筆者によって記載されたと判断した。

表 34　筆者識別目的筆跡(S1, S2)と対照筆跡グループ(R1～R5)の第一主成分得点

	S1	S2	R1	R2	R3	R4	R5
第一主成分得点	9.60642	10.60777	-3.22964	-1.97473	-1.50410	-7.82070	-5.68502

146

2．第一二主成分寄与率を第一主成分寄与率類似度で除した値

　筆者識別目的筆跡(S1, S2))と対照筆跡グループ(R1～R5)に対する、第二主成分寄与率／第一主成分寄与率の数値が 0.65841 なので、閾値から筆者識別目的筆跡(S1, S2))と対照筆跡グループ(R1～R5)は、異なった筆者によって記載された可能性が高いものと判断した。

<h2 style="text-align:center">第六項　二筆跡間の筆者識別（回帰分析）</h2>

1　筆者識別目的筆跡が１筆跡の場合

１．筆者識別対象資料に、同一筆者(G1)或いは異なった筆者(G2)によって記載された筆跡(G2)の各５資料を用いる筆者識別

（１）S1-R1, S1-R2, S1-R3, S1-R4, S1-R5 の５個の組合せの筆者識別対象資料と、同一筆者(G1)及び異なった筆者(G2)によって作成されたことが明らかな、G1 と G2 のデータベース用筆者識別対象資料（資料）から、筆者識別対象資料と補正値（カテゴリー）数(168)が近似した各５資料を選択した。

（２）作成した S1-R1, S1-R2, S1-R3, S1-R4, S1-R5 の筆者識別対象資料を表 35 に示した。

表 35　筆者識別対象資料

筆者識別対象資料	回帰式				相関係数 R	決定係数 R2	回帰統計 決定係数の補正	標準誤差	ユークリッド距離
	切片	係数	標準誤差 切片	係数					
S1-R1	0.01945	0.88520	0.01576	0.03368	0.89793	0.80628	0.80511	0.16905	2.25725
S1-R2	0.04505	0.85495	0.01319	0.02818	0.92043	0.84720	0.84628	0.14146	1.96470
S1-R3	0.03444	0.85881	0.01348	0.02880	0.91796	0.84265	0.84170	0.14459	1.99342
S1-R4	0.03904	0.82766	0.01479	0.03162	0.89720	0.80497	0.80379	0.15872	2.22189
S1-R5	0.02317	0.92312	0.01438	0.03073	0.91903	0.84462	0.84368	0.15426	2.02497

（３）選択した G1, G2 の各５資料を表 36 に示す。

表 36　対照筆跡から作成した筆者識別対象資料（資料）

筆者識別対象資料	回帰式				相関係数 R	決定係数 R2	回帰統計 決定係数の補正	標準誤差	ユークリッド距離
	切片	係数	標準誤差 切片	係数					
160G1	0.01112	0.93343	0.00950	0.01900	0.96878	0.93854	0.93816	0.09502	1.24539
164G1	-0.01832	0.93056	0.00835	0.01613	0.97653	0.95361	0.95332	0.09937	1.39506
168G1	0.02296	0.97276	0.00837	0.01867	0.97077	0.94240	0.94205	0.09356	1.23245
172G1	0.00876	0.98204	0.00796	0.01873	0.97043	0.94174	0.94140	0.09115	1.19350
176G1	0.02492	0.91763	0.00820	0.01680	0.97207	0.94491	0.94459	0.08993	1.26589
152G2	-0.02032	0.93338	0.01931	0.03537	0.90705	0.82274	0.82156	0.19609	2.48698
160G2	0.08191	0.87854	0.01616	0.03428	0.89781	0.80606	0.80483	0.16986	2.30694
168G2	-0.01408	0.86679	0.01543	0.02613	0.92214	0.85035	0.84853	0.16454	2.40371
176G2	0.01716	0.85891	0.01672	0.02973	0.90966	0.82748	0.82649	0.19093	2.69425
180G2	0.04901	0.87308	0.01218	0.02480	0.92509	0.85579	0.85416	0.14209	2.04506

147

（4）S1-R1, S1-R2, S1-R3, S1-R4, S1-R5 のクラスター分析と主成分分析の結果を図
18 と表 37 に示した。

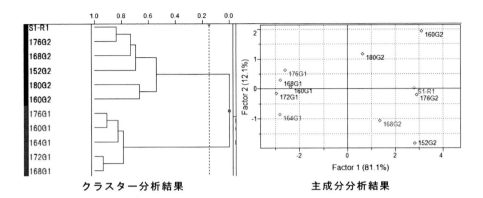

図 18　G1，G2 各 5 資料を用いた二筆跡間の筆者識別結果

表 37　筆者識別結果

筆者識別	分析結果		筆者識別結果
対象資料	クラスター分析	主成分分析	
S1−R1	G2内	G2内	異なった筆者
S1−R2	G2内	G2内	異なった筆者
S1−R3	G2内	G2内	異なった筆者
S1−R4	G2内	G2内	異なった筆者
S1−R5	G2内	G2内	異なった筆者

（5）図 18 と表 37 から、筆者識別目的筆跡(S1)と対照筆跡グループ(R1〜R5)は、異
なった筆者によって記載されたものと判断した。

クラスター分析結果の閾値

結合位置	類似度の数値（DST）	筆者識別結果
G1内	———	同一筆者
G1の右側	DST≦0.250	同一筆者の可能性高
G1の右側	0.250＜DST≦0.500	同一筆者の可能性
G1の右側	0.500＜DST	異なった筆者の可能性
G2内	———	異なった筆者
G2の右側	DST≦0.500	異なった筆者の可能性高
G2の右側	0.500＜DST	異なった筆者の可能性

主成分分析結果の閾値

分布位置	第一主成分得点の符号	筆者識別結果
G1内	———	同一筆者
G1の左側	———	明確に同一筆者
G1の右側	同一符号 （最短データベースとの差≦1.00000）	同一筆者の可能性高
G1の右側	同一符号 （最短データベースとの差＞1.00000）	同一筆者の可能性
G2内	———	異なった筆者
G2の右側	———	明確に異なった筆者
G2の左側	同一符号 （最短データベースとの差≦1.00000）	異なった筆者の可能性高
G2の左側	同一符号 （最短データベースとの差＞1.00000）	異なった筆者の可能性

２．筆者識別対象資料に、同一筆者（G1）によって記載された 10 資料を用いる筆者識別

表 37 から明らかなように、筆者識別目的筆跡（S1）と対照筆跡グループ（R1～R5）は、異なった筆者によって記載されたものと判断されたので、この方法による筆者識別はおこなわない。

３．対照筆跡から作成した筆者識別対象資料を用いる筆者識別

（１）表 38 に、対照筆跡から作成した筆者識別対象資料（資料）を示した。

表 38　対照筆跡から作成した筆者識別対象資料（資料）

筆者識別対象資料	回帰式		標準誤差		回帰統計 相関係数R	決定係数R2	決定係数の補正	標準誤差	ユークリッド距離
	切片	係数	切片	係数					
R1-R2	0.03804	0.91909	0.00736	0.01610	0.97546	0.95152	0.95123	0.07968	1.12540
R1-R3	0.02507	0.93246	0.00626	0.01370	0.98256	0.96542	0.96521	0.06778	0.94091
R1-R4	0.02826	0.90560	0.00836	0.01829	0.96778	0.93659	0.93621	0.09050	1.25750
R1-R5	0.01928	0.97775	0.01017	0.02224	0.95962	0.92088	0.92040	0.11008	1.43351
R2-R3	-0.00591	0.98633	0.00712	0.01584	0.97925	0.95894	0.95869	0.07386	0.96182
R2-R4	-0.00163	0.95719	0.00924	0.02056	0.96379	0.92889	0.92846	0.09584	1.26247
R2-R5	0.03262	0.89214	0.00890	0.01889	0.96475	0.93075	0.93033	0.09523	1.34306
R3-R4	0.00803	0.95537	0.00844	0.01893	0.96891	0.93879	0.93842	0.08892	1.16561
R3-R5	0.02229	0.89492	0.00944	0.02004	0.96081	0.92316	0.92270	0.10104	1.40734
R4-R5	0.02013	0.88961	0.00834	0.01771	0.96864	0.93826	0.93789	0.08930	1.28366

（２）表 35 の筆者識別対象資料と、表 38 の対照筆跡から作成した筆者識別対象資料（資料）を用いてクラスター分析と主成分分析をおこない、筆者識別をおこなった結果を図 19 に示した。

（３）S1-R2, S1-R3, S1-R4, S1-R5 も、すべてクラスター分析と主成分分析結果からは、対照筆跡から作成した筆者識別対象資料（資料）外で結合（分布）した。

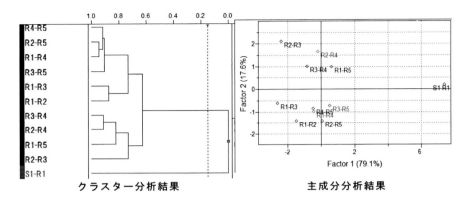

クラスター分析結果　　　　　　　**主成分分析結果**

図 19　対照筆跡から作成した筆者識別対象資料（資料）
を用いた二筆跡間の筆者識別結果

（4）閾値から、筆者識別目的筆跡(S1)と対照筆跡グループ(R1～R5)は異なった筆者
によって記載されたものと判断した。

閾値

クラスター分析結果	主成分分析結果	筆者識別結果
グループ内で結合	グループ左側外に分布	同一筆者
グループ内で結合	グループ内に分布	同一筆者
グループ内で結合	グループ右側外に分布	同一筆者の可能性
グループ外で結合	グループ内に分布	異なった筆者の可能性
グループ外で結合	グループ右側外に分布	異なった筆者

グループ：G1の10資料

2　筆者識別目的筆跡が 2 筆跡の場合

1．筆者識別対象資料に、同一筆者 (G1) 或いは異なった筆者 (G2) によって記載された
筆跡 (G2) の各 5 資料を用いる筆者識別

（1）S1-R1, S1-R2, S1-R3, S1-R4, S1-R5, S2-R1, S2-R2, S2-R3, S2-R4, S2-R5 の
10 個の組合せの筆者識別対象資料と G1 と G2 のデータベース用筆者識別対象資料
から、各 5 資料を選択する。

（2）筆者識別対象資料と G1 と G2 の各 5 資料の合計 11 資料を用いて、クラスター
分析と主成分分析をおこない、閾値から筆者識別をおこなう。

（3）作成した S2-R1, S2-R2, S2-R3, S2-R4, S2-R5 の筆者識別対象資料を表 39 に示
した。S1-R1, S1-R2, S1-R3, S1-R4, S1-R5 の筆者識別対象資料は、すでに表 35 に
示した。

表 39　筆者識別対象資料

筆者識別	回帰式					回帰統計			
対象資料			標準誤差		相関係数	決定係数	決定係数	標準誤差	ユークリッド
	切片	係数	切片	係数	R	R2	の補正		距離
S2-R1	-0.00878	0.95150	0.01460	0.03180	0.91848	0.84361	0.84267	0.15189	1.97664
S2-R2	0.01956	0.91250	0.01235	0.02690	0.93486	0.87396	0.87320	0.12848	1.70822
S2-R3	0.00932	0.91485	0.01283	0.02794	0.93054	0.86591	0.86510	0.13347	1.77642
S2-R4	0.01548	0.87931	0.01454	0.03168	0.90706	0.82277	0.82170	0.15131	2.04564
S2-R5	0.00237	0.96071	0.01558	0.03394	0.91017	0.82842	0.82738	0.16210	2.09977
S1-S2	0.04855	0.85839	0.01492	0.03188	0.90204	0.81367	0.81255	0.16004	2.18601

（ 4 ）S2-R1, S2-R2, S2-R3, S2-R4, S2-R5 のクラスター分析と主成分分析の結果を図 20 と表 40 にした。S1-R1, S1-R2, S1-R3, S1-R4, S1-R5 の筆者識別結果は、すでに表 37 に示した。

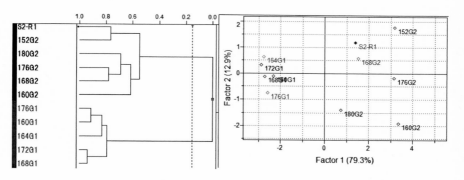

クラスター分析結果　　　　　　　　　主成分分析結果

図 20　G1, G2 各 5 資料を用いた二筆跡間の筆者識別結果

表 40　筆者識別結果

筆者識別	分析結果		筆者識別結果
対象資料	クラスター分析	主成分分析	
S2-R1	G2内	G2内	異なった筆者
S2-R2	G2内	G2内	異なった筆者
S2-R3	G2内	G2(0.2329)	異なった筆者の可能性高
S2-R4	G2内	G2内	異なった筆者
S2-R5	G2内	G2内	異なった筆者
S1-S2	G2内	G2内	異なった筆者

（ 5 ）表 37, 40 から、筆者識別目的筆跡(S1, S2)と対照筆跡グループ(R1～R5)は、異なった筆者によって記載されたものと判断した。
（ 6 ）表 40 に示した S1-S2 も異なった筆者によって記載されたものと判断した。

151

2．筆者識別対象資料に、同一筆者(G1)によって記載された 10 資料を用いる筆者識別

　S2-R1, S2-R2, S2-R3, S2-R4, S2-R5 は、異なった筆者、異なった筆者によって記載された可能性が高いとの結果が得られているので、同一筆者(G1)によって記載された10 資料を用いる筆者識別はおこなわない。

3．対照筆跡から作成した筆者識別対象資料を用いる筆者識別

　S2-R1, S2-R2, S2-R3, S2-R4, S2-R5 は、すべて対照筆跡から作成した筆者識別対象資料（資料）外で結合（分布）した。

（1）表 39 の筆者識別対象資料と、表 38 の対照筆跡から作成した筆者識別対象資料
　　（資料）を用いてクラスター分析と主成分分析をおこない、筆者識別をおこなった
　　結果を図 21 に示した。

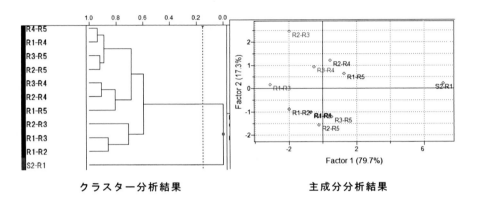

クラスター分析結果　　　　　　　　主成分分析結果

図 21　対照筆跡から作成した筆者識別対象資料（資料）
を用いた二筆跡間の筆者識別結果

（2）S2-R2, S2-R3, S2-R4, S2-R5 も、すべてクラスター分析と主成分分析結果から、
　　対照筆跡から作成した筆者識別対象資料（資料）外で結合（分布）した。

（3）閾値から、筆者識別目的筆跡(S1, S2)と対照筆跡グループ(R1～R5)は、異なった筆者によって記載されたものと判断した。

第七項　総合的に考察した筆者識別結果

　相関分析、クラスター分析、主成分分析、二筆跡間の筆者識別から得られた筆者識別結果と、参考とした共分散分析筆者識別結果を表 41 示した。

1　筆者識別

　相関分析、クラスター分析、主成分分析、二筆跡間の筆者識別から得られた筆者識

別結果と、共分散分析筆者識別結果（参考）から総合的に考察する。

2　考察方法

（1）考察方法は、第五章の「総合的な筆者識別（鑑定）結果の表現」に基づく。

（2）相関分析、クラスター分析、主成分分析、二筆跡間の筆者識別から得られた筆者識別結果と、共分散分析筆者識別結果（参考）から、筆者識別目的筆跡(S1), (S1, S2)は対照筆跡と異なった筆者、異なった筆者によって記載された可能性が高いと判断されているので、第五章の「総合的な筆者識別（鑑定）結果の表現」に基づく。

3　総合的な筆者識別（鑑定）結果の表現

（1）筆者識別目的筆跡は、対照筆跡と異なった筆者によって記載されたものと考えられる。

（2）筆者識別目的筆跡は、対照筆跡と異なった筆者によって記載された可能性が極めて高いものと考えられる。

（3）筆者識別目的筆跡は、対照筆跡と異なった筆者によって記載された可能性が高いものと考えられる。

（4）筆者識別目的筆跡は、対照筆跡と異なった筆者によって記載された可能性があるものと考えられる。

から選択することになる。

表41　相関分析、クラスター分析、主成分分析、二筆跡間の筆者識別、共分散分析（参考）からの筆者識別結果

	筆者識別目的筆跡数	
	1筆跡	2筆跡
相関分析		
相関係数	異なった筆者の可能性高	異なった筆者
クラスター分析		
類似度	異なった筆者	異なった筆者
類似度／最大ユークリッド距離	異なった筆者の可能性高	異なった筆者
主成分分析		
分布図と第一主成分得点	異なった筆者	異なった筆者
寄与率：第二主成分／第一主成分	異なった筆者の可能性	異なった筆者の可能性高
二筆跡間の筆者識別		
G1, G2の各5資料	異なった筆者	異なった筆者
G1の10資料	—	—
対照筆跡間の資料	異なった筆者	異なった筆者
共分散分析（参考）		
共分散係数絶対値	異なった筆者	異なった筆者

4　総合的な筆者識別（鑑定）結果

（1）筆者識別目的筆跡(S1)と対照筆跡(R1～R5)は、異なった筆者によって記載された可能性が高いものと考えられる。

（2）筆者識別目的筆跡(S1, S2)と対照筆跡(R1～R5)は、異なった筆者によって記載
　　されたものと考えられる。

となる。

5　参考事項

　筆者識別目的筆跡のS1とS2も異なった筆者によって記載されたものと判断されて
いる。

（1）依頼者が、筆者識別目的筆跡(S1, S2)は同一筆者と指定しているならば、

（ア）筆者識別目的筆跡(S1, S2)と対照筆跡(R1～R5)は、記載時期が大きく離れてい
　　る可能性（数十年以上）がある。但し、記載時期が大きく離れている場合は、記載
　　日時があれば確認は可能となる。

（イ）遺言書等で、同時に書かれたことが明らかな場合は、高齢化か病気の影響が考
　　えられる。

（ウ）契約書等の1通の文書に記載されている場合は、依頼者が筆者識別対象筆跡の
　　選択を誤った可能性が考えられるので、その旨を考察に記入する。

（エ）筆者識別は、同一筆者によって筆者によって記載されたものとして行う。

（2）依頼者が、筆者識別目的筆跡(S1, S2)は同一筆者と指定していないならば、

（ア）筆者識別目的筆跡(S1, S2)は同一筆者によって記載されたものとして取扱い、
　　高齢化か病気の影響を考える。

（イ）筆者識別は、

　（あ）すべての筆者識別目的筆跡と対照筆跡グループ間

　（い）異なった筆者によって記載されたと判断された、筆者識別目的筆跡を除いた
　　　対照筆跡グループ間

　で筆者識別をおこなう。

（ウ）依頼者が勘違いした可能性を疑った場合でも、

　（あ）すべての筆者識別目的筆跡と対照筆跡グループ間

　（い）異なった筆者によって記載されたと判断された、筆者識別目的筆跡を除いた
　　　対照筆跡グループ間

　の筆者識別をおこなうことになる。

相関係数最小値	0.95962
共分散係数絶対値最大値	0.01376
クラスター分析	
類似度	0.092
類似度／クラスター距離の最大値	0.0046
二筆跡間の筆者識別	
G1, G2の各5資料	
4資料	グループ内
6資料	グループに極めて近似
G1の10資料	グループ内

（3）筆者識別目的筆跡間で、異なった筆者によって記載されたと判断された場合は、

筆者識別経過を再度確認し、最終的な筆者識別結果を導き出さなければならない。

（4）参考として対照筆跡の個人内変動幅を示した。

（5）例として示した、対照筆跡間の個人内変動は小さく、筆者識別結果の信頼性に問題はないものと考えらっれた。

第三節　筆者識別結果の実例

　同一筆者、同一筆者の可能性が高い、同一筆者の可能性、異なった筆者、異なった筆者の可能性が高い、異なった筆者の可能性と判断された筆者識別の例を示した。

1　総合的に考察した筆者識別結果

　筆者識別目的筆跡と対照筆跡は同一筆者によって記載されたものと考えられる。

筆跡構成筆字数：4；補正値（カテゴリー）数：68	
筆者識別目的筆跡（S）数：6；対照筆跡（R）数：11	
相関分析	
相関係数	**最大値：0.95169；同一筆者の可能性高**
クラスター分析	
類似度	**SとR混合；同一筆者**
類似度／最大ユークリッド距離	**SとR混合；同一筆者**
主成分分析	
分布図と第一主成分得点	**SとR混合：同一筆者**
第二主成分寄与率／第一主成分寄与率	**SとR混合：同一筆者**
二筆跡間の筆者識別	
G1, G2の各5資料	**G1内、極めて近似：同一筆者の可能性高**
G1の10資料	**G1内：同一筆者**
対照筆跡間の資料に対する分布	**資料内：同一筆者**
共分散分析（参考）	
共分散係数絶対値	**最小値：0.00333；同一筆者の可能性**
対照筆跡の個人内変動幅：小	

2　総合的に考察した筆者識別結果

　筆者識別目的筆跡と対照筆跡は同一筆者によって記載されたものと考えられる。

筆跡構成筆字数：4；補正値（カテゴリー）数：72	
筆者識別目的筆跡（S）数：1；対照筆跡（R）数：4	
相関分析	
相関係数	**最大値：0.96461；同一筆者の可能性高**
クラスター分析	
類似度	**SとR混合：同一筆者**
類似度／最大ユークリッド距離	**SとR混合：同一筆者**
主成分分析	
分布図と第一主成分得点	**同一筆者**
第二主成分寄与率／第一主成分寄与率	**同一筆者**
二筆跡間の筆者識別	
G1, G2の各5資料	**G1内：同一筆者**
G1の10資料	**—**
対照筆跡間の資料に対する分布	**資料内：同一筆者**
共分散分析（参考）	
共分散係数絶対値	**最小値：0.00100；同一筆者**
対照筆跡の個人内変動幅：極めて小	

3 総合的に考察した筆者識別結果

　筆者識別目的筆跡と対照筆跡は同一筆者によって記載されたものと考えられる。

筆跡構成筆字数：2；補正値（カテゴリー）数：116
筆者識別目的筆跡（S）数：11；対照筆跡（R）数：8

相関分析
相関係数　　　　　　　　　　　　　　最大値：0.96461；同一筆者の可能性高
クラスター分析
類似度　　　　　　　　　　　　　　　SとR混合：同一筆者
類似度／最大ユークリッド距離　　　　SとR混合：同一筆者
主成分分析
分布図と第一主成分得点　　　　　　　SとR混合：同一筆者
第二主成分寄与率／第一主成分寄与率　SとR混合：同一筆者
二筆跡間の筆者識別
G1，G2の各5資料　　　　　　　　　　G1内：同一筆者
G1の10資料　　　　　　　　　　　　―
対照筆跡間の資料に対する分布　　　　資料内：同一筆者
共分散分析（参考）
共分散係数絶対値　　　　　　　　　　最小値：0.00135；同一筆者の可能性高
対照筆跡の個人内変動幅：かなり小

---

4 総合的に考察した筆者識別結果

　筆者識別目的筆跡と対照筆跡は同一筆者によって記載された可能性が高いものと考えられる。

筆跡構成筆字数：4；補正値（カテゴリー）数：116
筆者識別目的筆跡（S）数：1；対照筆跡（R）数：4

相関分析
相関係数　　　　　　　　　　　　　　最大値：0.95025；同一筆者の可能性高
クラスター分析
類似度　　　　　　　　　　　　　　　0.054；同一筆者
類似度／最大ユークリッド距離　　　　0.0031：同一筆者の可能性高
主成分分析
分布図と第一主成分得点　　　　　　　0.26884：同一筆者の可能性高
第二主成分寄与率／第一主成分寄与率　0.92173：同一筆者
二筆跡間の筆者識別
G1，G2の各5資料　　　　　　　　　　G1内、極めて近似：同一筆者の可能性高
G1の10資料　　　　　　　　　　　　G1内：同一筆者
対照筆跡間の資料に対する分布　　　　資料内：同一筆者
共分散分析（参考）
共分散係数絶対値　　　　　　　　　　最小値：0.00450；同一筆者の可能性
対照筆跡の個人内変動幅：小

---

5 総合的に考察した筆者識別結果
　　筆者識別目的筆跡と対照筆跡は同一筆者によって記載されたものと考えられる。

筆跡構成筆字数：4；補正値（カテゴリー）数：124
筆者識別目的筆跡（S）数：8；対照筆跡（R）数：8

相関分析

| 相関係数 | 最大値：0.95541；同一筆者の可能性高 |

クラスター分析

| 類似度 | SとR混合：同一筆者 |
| 類似度／最大ユークリッド距離 | SとR混合：同一筆者 |

主成分分析

| 分布図と第一主成分得点 | SとR混合：同一筆者 |
| 第二主成分寄与率／第一主成分寄与率 | SとR混合：同一筆者 |

二筆跡間の筆者識別

G1，G2の各5資料	G1内：同一筆者
G1の10資料	―
対照筆跡間の資料に対する分布	資料内：同一筆者

共分散分析（参考）

| 共分散係数絶対値 | 最小値：0.00042；同一筆者 |

対照筆跡の個人内変動幅：極めて小

6 総合的に考察した筆者識別結果
　　筆者識別目的筆跡と対照筆跡は同一筆者によって記載されたものと考えられる。

筆跡構成筆字数：4；補正値（カテゴリー）数：128
筆者識別目的筆跡（S）数：1；対照筆跡（R）数：22

相関分析

| 相関係数 | 最大値：0.96737；同一筆者の可能性高 |

クラスター分析

| 類似度 | SとR混合：同一筆者 |
| 類似度／最大ユークリッド距離 | SとR混合：同一筆者 |

主成分分析

| 分布図と第一主成分得点 | SとR混合：同一筆者 |
| 第二主成分寄与率／第一主成分寄与率 | SとR混合：同一筆者 |

二筆跡間の筆者識別

G1，G2の各5資料	G1内：同一筆者
G1の10資料	―
対照筆跡間の資料に対する分布	資料内：同一筆者

共分散分析（参考）

| 共分散係数絶対値 | 最小値：0.00336；同一筆者の可能性 |

対照筆跡の個人内変動幅：かなり小

7 総合的に考察した筆者識別結果

筆者識別目的筆跡と対照筆跡は異なった筆者によって記載された可能性が極めて高いものと考えられる。

筆跡構成筆字数：4；補正値（カテゴリー）数：136
筆者識別目的筆跡（S）数：1；対照筆跡（R）数：16

相関分析	
相関係数	最大値：0. 84763；異なった筆者
クラスター分析	
類似度	0. 315；異なった筆者
類似度／最大ユークリッド距離	0. 0103：異なった筆者
主成分分析	
分布図と第一主成分得点	8. 35027：異なった筆者
第二主成分寄与率／第一主成分寄与率	0. 71920：同一筆者の可能性
二筆跡間の筆者識別	
G1, G2の各5資料	G2内：異なった筆者
G1の10資料	―
対照筆跡間の資料に対する分布	資料外：異なった筆者
共分散分析（参考）	
共分散係数絶対値	最小値：0. 01299；異なった筆者

対照筆跡の個人内変動幅：極めて小

8 総合的に考察した筆者識別結果

筆者識別目的筆跡と対照筆跡は同一筆者によって記載された可能性があるものと考えられる。

筆跡構成筆字数：3；補正値（カテゴリー）数：160
筆者識別目的筆跡（S）数：1；対照筆跡（R）数：2

相関分析	
相関係数	最大値：0. 98095；同一筆者
クラスター分析	
類似度	0. 087；同一筆者
類似度／最大ユークリッド距離	0. 0042：同一筆者の可能性
主成分分析	
分布図と第一主成分得点	2. 3926：同一筆者の可能性
第二主成分寄与率／第一主成分寄与率	0. 73600：同一筆者の可能性
二筆跡間の筆者識別	
G1, G2の各5資料	G1内：同一筆者
G1の10資料	―
対照筆跡間の資料に対する分布	資料内：同一筆者
共分散分析（参考）	
共分散係数絶対値	最小値：0. 00039；同一筆者

対照筆跡の個人内変動幅：極めて小

9　総合的に考察した筆者識別結果

　筆者識別目的筆跡と対照筆跡は同一筆者によって記載された可能性が高いものと考えられる。

筆跡構成筆字数：１１；補正値（カテゴリー）数：１８０ 筆者識別目的筆跡（S）数：１；対照筆跡（R）数：１６	
相関分析	
相関係数	最大値：0.96211；同一筆者の可能性高
クラスター分析	
類似度	0.078；同一筆者
類似度／最大ユークリッド距離	0.0018；同一筆者
主成分分析	
分布図と第一主成分得点	0.05466：同一筆者の可能性高
第二主成分寄与率／第一主成分寄与率	0.8876：同一筆者
二筆跡間の筆者識別	
G1, G2の各5資料	G1内、極めて近似：同一筆者の可能性高
G1の10資料	G1内：同一筆者
対照筆跡間の資料に対する分布	資料内：同一筆者
共分散分析（参考）	
共分散係数絶対値	最小値：0.00321；同一筆者の可能性
対照筆跡の個人内変動幅：かなり小	

10　総合的に考察した筆者識別結果

　筆者識別目的筆跡と対照筆跡は同一筆者によって記載されたものと考えられる。

筆跡構成筆字数：４；補正値（カテゴリー）数：２２０ 筆者識別目的筆跡（S）数：１；対照筆跡（R）数：４	
相関分析	
相関係数	最大値：0.95740；同一筆者の可能性高
クラスター分析	
類似度	SとR混合：同一筆者
類似度／最大ユークリッド距離	SとR混合：同一筆者
主成分分析	
分布図と第一主成分得点	SとR混合：同一筆者
第二主成分寄与率／第一主成分寄与率	SとR混合：同一筆者
二筆跡間の筆者識別	
G1, G2の各5資料	G1内：同一筆者
G1の10資料	―
対照筆跡間の資料に対する分布	資料内：同一筆者
共分散分析（参考）	
共分散係数絶対値	最小値：0.00277；同一筆者の可能性
対照筆跡の個人内変動幅：小	

11　総合的に考察した筆者識別結果

　　筆者識別目的筆跡と対照筆跡は同一筆者によって記載された可能性が極めて高いものと考えられる。

筆跡構成筆字数：１０；補正値（カテゴリー）数：３１６	
筆者識別目的筆跡（S）数：１；対照筆跡（R）数：２	

相関分析	
相関係数	最大値：0.95898；同一筆者の可能性高
クラスター分析	
類似度	0.046；同一筆者
類似度／最大ユークリッド距離	0.0028：同一筆者の可能性高
主成分分析	
分布図と第一主成分得点	0.60880：同一筆者の可能性高
第二主成分寄与率／第一主成分寄与率	0.8876：同一筆者
二筆跡間の筆者識別	
G1, G2の各5資料	G1内：同一筆者
G1の10資料	―
対照筆跡間の資料に対する分布	資料内：同一筆者
共分散分析（参考）	
共分散係数絶対値	最小値：0.00234；同一筆者の可能性高
対照筆跡の個人内変動幅：小	

12　総合的に考察した筆者識別結果

　　筆者識別目的筆跡と対照筆跡は異なった筆者によって記載されたものと考えられる。

筆跡構成筆字数：１０；補正値（カテゴリー）数：３８４	
筆者識別目的筆跡（S）数：１；対照筆跡（R）数：５	

相関分析	
相関係数	最大値：0.89575；異なった筆者
クラスター分析	
類似度	0.262；異なった筆者
類似度／最大ユークリッド距離	0.0068：異なった筆者の可能性
主成分分析	
分布図と第一主成分得点	23.6624：異なった筆者
第二主成分寄与率／第一主成分寄与率	0.53868：異なった筆者
二筆跡間の筆者識別	
G1, G2の各5資料	G2内：異なった筆者
G1の10資料	―
対照筆跡間の資料に対する分布	資料外：異なった筆者
共分散分析（参考）	
共分散係数絶対値	最小値：0.01238；異なった筆者
対照筆跡の個人内変動幅：かなり小	

第九章　対照筆跡の個人内変動幅と筆者識別結果の信頼性

　筆者識別に使用する対照筆跡は同時期に記載されたものであるとは限らない。特に、民事事件においては、筆者識別目的筆跡の記載時期に対して十数年も前に記載された筆跡が対照筆跡として持ち込まれることがある。

　そこで、記載時期が十数年も異なる対照筆跡グループの個人内変動幅について相関分析と共分散分析を用いて検討した。

1　記載時期が異なる対照筆跡グループの個人内変動幅

　実際の筆者識別対象筆跡を用いて、30名の記載時期が異なる対照筆跡グループの個人内変動幅を検討した。その結果、

（１）記載時期が異なることによって、3名の対照筆跡は明確に筆者識別に使用不可能な個人内変動幅

（２）2名が筆者識別にやや不適当な個人内変動幅

　を示した。

（３）記載時期の差と個人内変動幅の一例を表1に示す。

（４）相関分析、共分散分析は最近時に記載された対照筆跡の相関係数を 1.00000、共分散値の絶対値差を 0.00000 とした。

表1　記載時期が異なる対照筆跡グループの個人内変動幅

記載年差	筆者1 相関	筆者1 共分散	筆者2 相関	筆者2 共分散	筆者3 相関	筆者3 共分散	筆者4 相関	筆者4 共分散	筆者5 相関	筆者5 共分散
1	0.96366	0.01422	0.91862	0.01165			0.93519	0.00063	0.95854	0.01339
2	0.94196	0.00686	0.93607	0.01805						
3	0.94623	0.01287	0.91512	0.01537						
4			0.90786	0.01996	0.92485	0.01693			*0.88106*	0.00207
5									*0.89752*	0.01473
6	0.95534	0.01602							*0.80057*	0.01555
7	0.92543	0.00671								
8	0.94094	*0.02310*			0.91758	0.01133	0.94260	0.02147		
9					0.92556	0.01598	0.92234	0.01233	0.92851	0.00928
10			0.96501	0.00831	0.91822	0.00936	0.94160	0.01140		
11					0.92223	0.01515				
12					0.91864	0.01602				
13					0.90968	0.01676				
14							0.94887	0.00702		
15			0.95717	0.00547						
16			0.89798	0.00951						
17										
18										
19										
20							0.92728	0.01414		
21										
22							0.90892	0.00413		
23									*0.87171*	0.01677
24										
25										

記載年差	筆者6 相関	筆者6 共分散	筆者7 相関	筆者7 共分散	筆者8 相関	筆者8 共分散	筆者9 相関	筆者9 共分散	筆者10 相関	筆者10 共分散
1	0.98091	0.00277			0.98904	0.00302	0.97767	0.00509		
2			0.94290	0.00710	0.98693	0.00737	0.96926	0.00221		
3	0.94301	0.01905	0.97158	0.01077			0.98316	0.00400	0.93879	0.01050
4	0.93762	*0.02596*					0.96966	0.00920	0.95854	0.00390
5	0.92687	*0.02686*			0.98061	0.00234	0.98370	0.00013	0.95405	0.00473
6							0.94195	0.01418	0.92423	0.01088
7	0.93938	*0.02488*	0.96908	0.01409					0.91817	*0.02822*
8			0.96505	0.00456						
9										
10										
11									0.91592	0.04141
12			0.98382	0.00241					*0.89496*	*0.02900*
13										
14										
15										
16										
17										
18							0.97196	0.00001	0.90435	*0.02176*
19							0.96331	0.00579		
20										
21					0.97687	0.00876				
22			0.95117	0.01010	0.98283	0.00243				
23										
24										
25							0.98713	0.00306		

相関:相関係数;共分散:共分散絶対値差

（5）25名の筆者が、記載時期が異なっていても記載時期の差による個人内変動幅は
小さく、筆者識別に使用可能と判断した。

（6）30名中の5名が記載時期の違いによって比較的大きな個人内変動が生じた。

（7）実際の筆者識別は、すべての対照筆跡を使用、個人内変動幅の大きな対照筆跡
を除外、の2方法でおこなうことが必要である。

2　同時に記載された対照筆跡の個人内変動

　参考として、実際の350名の筆者識別対象筆跡を用いて、同時に記載された対照筆
跡の個人内変動幅を確認した。その結果、同時に記載された筆跡でも個人内変動の大
きな筆者が存在することから、安易に記載時期が異なることによって対照筆跡グルー
プの個人内変動幅が大きくなると考えてはならない。

　相関分析と共分散分析絶対値の判断基準（閾値）を再度表2に示した。

表2　相関分析と共分散分析絶対値の判断基準（閾値）

相関分析		共分散分析絶対値	
グループ内の最小値	個人内変動幅	グループ内の最大値	個人内変動幅
R≧0.97000	極めて小さい	0.00250≧R	極めて小さい
R≧0.95000	かなり小さい	0.00500≧R	かなり小さい
R≧0.93000	小さい	0.00750≧R	小さい
R≧0.90000	やや大きい	0.01000≧R	やや大きい
0.90000＞R	大きい	0.15000＞R	大きい

第十章　各手法の判断基準（閾値）

　参考として、一括して相関分析、共分散分析、クラスター分析、主成分分析、二筆
跡間の筆者識別、対照筆跡の個人内変動幅の判断基準（閾値）を表示する。

表1　相関分析〔相関係数（ＣＣ）〕による筆者識別の判定基準（閾値）

相関係数	筆者識別結果
CC≧0.97000	同一筆者
0.97000＞CC≧0.95000	同一筆者の可能性高
0.95000＞CC≧0.93000	同一筆者の可能性
0.93000＞CC≧0.92000	異なった筆者の可能性
0.92000＞CC≧0.90000	異なった筆者の可能性高
0.90000＞CC	異なった筆者

表2　共分散分析〔共分散係数絶対値（ＣＣＡ）〕による筆の判定基準（閾値）

共分散絶対値差（CCA）	筆者識別結果
CCA≦0.00100	同一筆者
0.00100＜CCA≦0.00250	同一筆者の可能性高
0.00250＜CCA≦0.00500	同一筆者の可能性
0.00500＜CCA≦0.00750	異なった筆者の可能性
0.00750＜CCA≦0.01000	異なった筆者の可能性高
0.01000＜CCA	異なった筆者

表3　クラスター分析（デンドログラム）による筆者識別の判定基準（閾値）
類似度の数値（ＤＳ）、類似度／クラスター距離の最大値（ＤＳＹ）
類似度の数値（ＤＳ）

横軸の類似度の数値（DS）	筆者識別結果
DS≦0.100	同一筆者
0.100＜DS≦0.110	同一筆者の可能性高
0.110＜DS≦0.125	同一筆者の可能性
0.125＜DS≦0.140	異なった筆者の可能性
0.14＜DS≦0.150	異なった筆者の可能性高
0.150＜DS	異なった筆者

筆者識別目的筆跡が対照筆跡グループ内で結合：同一筆者

「類似度／クラスター距離の最大値」（ＤＳＹ）による筆者識別の判定基準

判定基準（DSY）	筆者識別結果
DSY≦0.0020	同一筆者
0.0020＜DSY≦0.0040	同一筆者の可能性高
0.0040＜DSY≦0.0060	同一筆者の可能性
0.0060＜DSY≦0.0080	異なった筆者の可能性
0.0080＜CDSY≦0.0100	異なった筆者の可能性高
0.0100＜DSY	異なった筆者

筆者識別目的筆跡が対照筆跡内で結合：同一筆者

表4　第一主成分得点値差（ＦＰＳ）による筆者識別の判定基準

第一主成分得点値差（FPS）	筆者識別結果
鑑定対象筆跡と対照筆跡が混合状態で分布	同一筆者
最も近似した対照筆跡との差 FPS＜1.00000	同一筆者の可能性高
最も近似した対照筆跡との差 1.00000≦FPS＜2.50000	同一筆者の可能性
最も近似した対照筆跡との差 2.50000≦FPS＜5.00000	異なった筆者の可能性
最も近似した対照筆跡との差 5.00000≦FPS＜7.50000	異なった筆者の可能性高
最も近似した対照筆跡との差 7.50000≦FPS	異なった筆者

第二主成分寄与率／第一主成分寄与率 から計算した筆者識別の判断基準（ＣＲ）

判定基準（CR）	筆者識別結果
CR≧0.80000	同一筆者
0.80000＞CR≧0.75000	同一筆者の可能性高
0.75000＞CR≧0.70000	同一筆者の可能性
0.70000＞CR≧0.65000	異なった筆者の可能性
0.65000＞CR≧0.60000	異なった筆者の可能性高
0.60000＞CR	異なった筆者

1

表5　クラスター分析（デンドログラム）による二筆跡間の筆者識別の判断基準
類似度の数値（ＤＳＴ）

結合位置	類似度の数値（DST）	筆者識別結果
G1内	———	同一筆者
G1の右側	DST≦0.250	同一筆者の可能性高
G1の右側	0.250＜DST≦0.500	同一筆者の可能性
G1の右側	0.500＜DST	異なった筆者の可能性
G2内	———	異なった筆者
G2の右側	DST≦0.500	異なった筆者の可能性高
G2の右側	0.500＜DST	異なった筆者の可能性

165

表6　主成分分析（第一、二主成分得点値）による二筆跡間の筆者識別の判断基準
閾値

分布位置	第一主成分得点の符号	筆者識別結果
G1内	————	同一筆者
G1の左側	————	明確に同一筆者
G1の右側	同一符号 （最短データベースとの差≦1.0000）	同一筆者の可能性高
G1の右側	同一符号 （最短データベースとの差＞1.0000）	同一筆者の可能性
G2内	————	異なった筆者
G2の右側	————	明確に異なった筆者
G2の左側	同一符号 （最短データベースとの差≦1.0000）	異なった筆者の可能性高
G2の左側	同一符号 （最短データベースとの差＞1.0000）	異なった筆者の可能性

表7　G1の10資料を用いた二筆跡間の筆者識別の判断基準（閾値）

クラスター分析結果	主成分分析結果	筆者識別結果
グループ内で結合	グループ左側外に分布	同一筆者
グループ内で結合	グループ内に分布	同一筆者
グループ内で結合	グループ右側外に分布	同一筆者の可能性
グループ外で結合	グループ内に分布	異なった筆者の可能性
グループ外で結合	グループ右側外に分布	異なった筆者

グループ：G1の10資料

表8　対象筆跡間の筆者識別対象筆跡（資料）を用いた二筆跡間の筆者識別の
判断基準（閾値）

クラスター分析結果	主成分分析結果	筆者識別結果
グループ内で結合	グループ左側外に分布	同一筆者
グループ内で結合	グループ内に分布	同一筆者
グループ内で結合	グループ右側外に分布	同一筆者の可能性
グループ外で結合	グループ内に分布	異なった筆者の可能性
グループ外で結合	グループ右側外に分布	異なった筆者

グループ：対照筆跡間で作成した筆者識別対象筆跡グループ

謝辞

　本書の作成にあたり、元愛知県警察本部科学捜査研究所の若原克文氏に、多大な助言と協力を頂いた。心から感謝致します。

文　　　献

1）大津展之、電子技術総合研究所報告、818、1981.

2）岡隆一、電子技術総合研究所報告、834、1983.

3）奥野忠一、久米均、芳賀敏郎、吉澤正、"多変量解析法"、日科技連、1981.

4）奥野忠一、芳賀敏郎、矢島敬二、奥野千恵子、橋本茂司、古河陽子、"続多変量解析法"、日科技連、1981.

5）三崎揮市、梅田三千雄、日本鑑識科学技術学会誌、2、71、1997.

6）三崎揮市、本庄大介、梅田三千雄、日本鑑識科学技術学会誌、7、71、2002.

7）美濃導彦、西田正吾、情報メディア工学、p105、オーム社、1999.

8）金子照之、相良哲生、武田仰、瀧山龍三、電子情報通信学会誌、182-D-11、216、1999.

9）吉田公一、捜査研究誌、611〜619、2002〜2003.

10）吉田公一、"捜査のための実務文書鑑定"、令文社、1988.

11）川村司、若原克文、三井利幸、"クラスター分析法による筆跡識別法"、インフォメーション、13、93、1984.

12）川村司、若原克文、三井利幸、"クラスター分析法による筆跡識別法（II）"、インフォメーション、7、109、1984.

13）川村司、若原克文、三井利幸、"主成分分析法による筆者識別法（I）"インフォメーション、3、93、1984.

14）川村司、若原克文、三井利幸、"主成分分析法による筆者識別法（II）"、インフォメーション、3、93、1985.

15）川村司、若原克文、三井利幸、"主成分分析法による筆者識別法（III）"、インフォメーション、28、101、1985.

16）川村司、若原克文、三井利幸、"判別分析を利用した筆跡の解析"、インフォメーション、6、88、1987.

17）川村司、若原克文、三井利幸、"多変量解析法による筆跡識別法（8）、数量化第III類を利用した筆跡の解析"、インフォメーション、6、114、1987.

18）川村司、若原克文、三井利幸、"多変量解析法による筆跡識別法（9）、ストレスによる筆跡変化の解析"、インフォメーション、6、112、1987.

19）川村司、若原克文、三井利幸、"多変量解析法による筆跡識別法（10）、数量化第II類を利用した筆跡の解析"、インフォメーション、6、106、1987.

20）若原克文、川村司、三井利幸、"パーソナルコンピュータによる筆跡の識別"、応用心理学研究、12、13、1987.

21）川村司、若原克文、三井利幸、"多変量解析法による筆跡識別法（11）、数量化第IV類を利用した筆跡の解析（1）"、インフォメーション、6、112、1987.

22）若原克文、川村司、三井利幸、"多変量解析法による筆跡識別法（11）、数量化第

IV 類を利用した筆跡の解析（2）"、インフォメーション、6、103、1987.

23）川村司、若原克文、三井利幸、"多変量解析法による筆跡識別法（11）、筆跡鑑定への実際例"、インフォメーション、7、109、1988.

24）若原克文、川村司、三井利幸、"パーソナルコンピュータによる筆跡の識別（II）"、応用心理学研究、13、19、1988.

25）若原克文、川村司、三井利幸、"筆跡のパーソナルコンピュータによる処理法の検討"、日本応用心理学会第 52 回大会、1985.

26）若原克文、川村司、三井利幸、"パーソナルコンピュータによる筆跡識別法－運動負荷を与えた筆跡の変化について－"、日本応用心理学会第 53 回大会、1986.

27）川村司、若原克文、三井利幸、"パーソナルコンピュータによる筆跡識別法－因子分析を利用した筆跡の解析－"、日本応用心理学会第 53 回大会、1986.

28）三井利幸、川村司、若原克文、"パーソナルコンピュータによる筆跡識別法－判別分析を利用した筆跡の解析－"、日本応用心理学会第 53 回大会、1986.

29）川村司、若原克文、三井利幸、"パーソナルコンピュータによる筆跡識別法－数量化理論 II、IV 類を利用した筆跡の解析－"、日本応用心理学会第 54 回大会、1987.

30）若原克文、川村司、三井利幸、"多変量解析法を利用した筆跡の異同識別"、日本応用心理学会第 54 回大会、1987.

31）三井利幸、川村司、若原克文、"パーソナルコンピュータによる筆跡識別法－記載時の姿勢の差が筆跡に与える影響－"、日本応用心理学会第 54 回大会、1987.

32）川村司、若原克文、三井利幸、"筆記具が筆跡に及ぼす影響"、日本応用心理学会第 55 回大会、1988.

33）若原克文、川村司、三井利幸、"記載枠の有無が筆跡に及ぼす影響"、日本応用心理学会第 55 回大会、1988.

34）三井利幸、川村司、若原克文、"参照文字の有無が筆跡に及ぼす影響"、日本応用心理学会第 55 回大会、1988.

35）川村司、若原克文、三井利幸、"記載枠の配字による筆者識別"、日本応用心理学会第 56 回大会、1989.

36）若原克文、川村司、三井利幸、"記載枠のない用紙の配字による筆者識別"、日本応用心理学会第 56 回大会、1989.

37）三井利幸、川村司、若原克文、"木偏を持つ異文字間での筆者識別"、日本応用心理学会第 56 回大会、1989.

38）川村司、若原克文、三井利幸、"多変量解析法を用いた筆跡の異同識別"、日本応用心理学会第 57 回大会、1990.

39）若原克文、川村司、三井利幸、"言偏を持つ異文字間での筆者識別"、日本応用心理学会第 57 回大会、1990.

40）三井利幸、川村司、若原克文、"行人偏を持つ異文字間での筆者識別"、日本応用心理学会第 57 回大会、1990.

41）若原克文、川村司、三井利幸、"作為筆跡による筆者識別（配字について）"、日本応用心理学会第 58 回大会、1991.

42）川村司、若原克文、三井利幸、"回帰分析および正準相関分析を用いた筆者識別"、日本応用心理学会第 58 回大会、1991.

43）三井利幸、川村司、若原克文、"ノンメトリックMDS法による筆跡検査"、日本応用心理学会第 59 回大会、1992.

44）川村司、若原克文、三井利幸、"ノンメトリックMDS法による筆者識別"、日本応用心理学会第 59 回大会、1992.

45）若原克文、川村司、三井利幸、"作為筆跡による筆者識別 II、配字について "、日本応用心理学会第 59 回大会、1992.

46）川村司、菅原博嗣、若原克文、三井利幸、"算用数字による筆者識別"、日本応用心理学会第 60 回大会、1993.

47）菅原博嗣、川村司、若原克文、三井利幸、"平仮名による筆者識別"、日本応用心理学会第 60 回大会、1993.

48）菅原博嗣、川村司、若原克文、三井利幸、"平仮名及び算用数字による筆者識別 II"、日本応用心理学会第 61 回大会、1994.

49）川村司、菅原博嗣、若原克文、三井利幸、"枠内署名筆跡の筆者識別"、日本応用心理学会第 61 回大会、1994.

50）若原克文、川村司、菅原博嗣、三井利幸、"多変量解析法による筆者識別－鑑定手法への導入－"、日本応用心理学会第 61 回大会、1994.

51）菅原博嗣、川村司、若原克文、三井利幸、"書字方向による筆者識別 I"、日本応用心理学会第 62 回大会、1996.

52）川村司、菅原博嗣、若原克文、三井利幸、"書字方向による筆者識別 II"、日本応用心理学会第 62 回大会、1996.

53）若原克文、川村司、菅原博嗣、三井利幸、"多変量解析法による筆者識別 II、鑑定手法への導入"、日本応用心理学会第 62 回大会、1996.

54）三井利幸、川村司、菅原博嗣、若原克文、"多変量解析法による筆者識別－筆跡の最適規格化法－"、日本応用心理学会第 62 回大会、1996.

55）菅原博嗣、川村司、若原克文、三井利幸、"欧文筆跡による筆者識別"、日本応用心理学会第 63 回大会、1966.

56）川村司、菅原博嗣、若原克文、三井利幸、"模倣筆跡による筆者識別"、日本応用心理学会第 63 回大会、1966.

57）三井利幸、川村司、菅原博嗣、若原克文、"筆跡の最適規格化法 (II)"、日本応用心理学会第 63 回大会、1966.

58）若原克文、川村司、菅原博嗣、三井利幸、"異なる文字間のクラスター比較による異同識別"、日本応用心理学会第 63 回大会、1966.

59）若原克文、川村司、菅原博嗣、三井利幸、"多変量解析法による多人数間の筆者識別 (I)"、日本応用心理学会第 64 回大会、1997.

60）三井利幸、川村司、菅原博嗣、若原克文、"多変量解析法による多人数間の筆者識別 (II)"、日本応用心理学会第 64 回大会、1997.

61）菅原博嗣、川村司、若原克文、三井利幸、"異なる筆具による筆者識別"、日本応

用心理学会第 64 回大会、1997.

62）川村司、菅原博嗣、若原克文、三井利幸、"模倣筆跡の筆者識別（II）"、日本応用心理学会第 64 回大会、1997.

63）菅原博嗣、川村司、若原克文、三井利幸、"書字方向による筆者識別 II"、日本応用心理学会第 65 回大会、1998.

64）三井利幸、川村司、菅原博嗣、若原克文、"画像処理による筆者識別"、日本応用心理学会第 65 回大会、1998.

65）若原克文、川村司、菅原博嗣、三井利幸、"目視比較による筆者識別"、日本応用心理学会第 65 回大会、1998.

66）川村司、菅原博嗣、若原克文、三井利幸、"筆跡と作為筆跡の枠内配置について"、日本応用心理学会第 66 回大会、1999.

67）三井利幸、川村司、菅原博嗣、若原克文、"筆跡と作為筆跡の異同識別"、日本応用心理学会第 66 回大会、1999.

68）若原克文、川村司、菅原博嗣、三井利幸、"目視比較による筆者識別（II）"、日本応用心理学会第 66 回大会、1999.

69）菅原博嗣、若原克文、三井利幸、"多変量解析法を用いた筆跡の個人内変動に関する考察"、日本応用心理学会第 67 回大会、2000.

70）三井利幸、菅原博嗣、若原克文、"多変量解析法による筆者識別"、日本応用心理学会第 67 回大会、2000.

71）若原克文、菅原博嗣、三井利幸、"多変量解析法を用いた字数の多少による筆者識別"、日本応用心理学会第 67 回大会、2000.

72）菅原博嗣、若原克文、三井利幸、"運筆の送筆方向に関する検討"、日本応用心理学会第 68 回大会、2001.

73）三井利幸、菅原博嗣、若原克文、"多変量解析法による記載時期の異なる筆跡の識別"、日本応用心理学会第 68 回大会、2001.

74）若原克文、菅原博嗣、三井利幸、"字画分析による筆者識別法の検討"、日本応用心理学会第 68 回大会、2001.

75）若原克文、菅原博嗣、三井利幸、"字画分析による筆者識別法の検討(II)"、日本応用心理学会第 69 回大会、2002.

76）菅原博嗣、若原克文、三井利幸、"画像処理手法の筆者識別への応用"、日本応用心理学会第 69 回大会、2002.

77）三井利幸、菅原博嗣、若原克文、関陽子、"筆跡の明度測定による記載状態の判別"、日本応用心理学会第 69 回大会、2002.

78）三井利幸、若原克文、関陽子、"筆者識別に用いる対照試料の検討"、日本応用心理学会第 70 回大会、2003.

79）菅原博嗣、若原克文、三井利幸、"筆跡から筆圧の指標化に関する研究"、日本応用心理学会第 70 回大会、2003.

80）若原克文、菅原博嗣、三井利幸、"異なる書字意識による筆跡間の検討"、日本応用心理学会第 70 回大会、2003.

81) 三井利幸、若原克文、菅原博嗣、関陽子、"筆字固定時期の推定"、日本応用心理学会第 71 回大会、2004.

82) 若原克文、菅原博嗣、三井利幸、"筆跡座標値の違いが筆者識別に及ぼす影響について"、日本応用心理学会第 71 回大会、2004.

83) 菅原博嗣、若原克文、三井利幸、"筆跡からの筆圧の指標化に関する研究（Ⅱ）"、日本応用心理学会第 71 回大会、2004.

84) 三井利幸、若原克文、菅原博嗣、関陽子、"模倣筆跡からの書き癖固定化の機構解析"、日本応用心理学会第 72 回大会、2005.

85) 若原克文、菅原博嗣、三井利幸、"筆跡の個人間変動について"、日本応用心理学会第 72 回大会、2005.

86) 菅原博嗣、若原克文、三井利幸、"筆跡からの筆圧の指標化に関する研究（Ⅲ）"、日本応用心理学会第 72 回大会、2005.

87) 三井利幸、若原克文、菅原博嗣、関陽子、"多変量解析法による筆者識別"、日本応用心理学会第 73 回大会、2006.

88) 若原克文、菅原博嗣、三井利幸、"片仮名文字による筆者識別"、日本応用心理学会第 73 回大会、2006.

89) 菅原博嗣、若原克文、三井利幸、"画像処理を用いた筆者識別に関する研究"、日本応用心理学会第 73 回大会、2006.

90) 三井利幸、若原克文、菅原博嗣、関陽子、"多変量解析法による筆者識別―二筆跡間の筆者識別―"、日本応用心理学会第 74 回大会、2007.

91) 若原克文、菅原博嗣、三井利幸、"同一筆者の書字意識が異なる筆者識別"、日本応用心理学会第 74 回大会、2007.

92) 菅原博嗣、若原克文、三井利幸、"筆跡の特徴マッピングに基づく筆者識別に関する研究"、日本応用心理学会第 74 回大会、2007.

93) 三井利幸、若原克文、菅原博嗣、関陽子、"回帰分析を用いた筆者識別―二筆跡間の筆者識別―"、日本応用心理学会第 75 回大会、2008.

94) 菅原博嗣、若原克文、三井利幸、"筆者識別の実務鑑定への応用"、日本応用心理学会第 75 回大会、2008.

95) 菅原博嗣、若原克文、三井利幸、"筆跡のマッピングに基づく筆者識別に関する研究Ⅱ"、日本応用心理学会第 76 回大会、2009.

96) 、三井利幸、菅原博嗣、若原克文、"多変量解析法を用いた二筆跡からの筆者識別"、日本応用心理学研究、34、174、2009.

97) 、三井利幸、若原克文、関陽子、"加齢による個人内変動が筆者識別に与える影響"、日本応用心理学会第 77 回大会、2009.

98) 三井利幸、若原克文、関陽子、"加齢による個人内変動が筆者識別に与える影響"、日本応用心理学会第 77 回大会、2010.

99) 三井利幸 "相関分析及び共分散分析を用いた筆者識別"、日本応用心理学会 81 回大会、2014.

≪著者略歴≫

1966年 信州大学卒業　工学博士

　多変量解析関係の著書として「分析化学のための多変量解析法」（日本図書刊行会，1997），「ケモメトリックスの基礎と応用」（アイピーシー，2003），「改訂分析化学のための多変量解析法」（一粒書房，2014），共著として「近赤外分光法」（アイピーシー，1998），共訳として「ケルナー分析化学」（科学技術出版，2003）

改定筆跡鑑定の理論と応用
― 主観を排除した筆者識別 ―

発 行 日　　2016年11月1日

著　　者　　三　井　利　幸

発 行 所　　一　粒　書　房

〒475-0837 愛知県半田市有楽町7-148-1
TEL(0569)21-2130

編集・印刷・製本　有限会社一粒社
©2016，三井利幸
Printed in Japan
落丁・乱丁はお取替えいたします
ISBN978-4-86431-558-6 C3043